CAROL DIAS
RUMO À RIQUEZA

COMO MULTIPLICAR O SEU DINHEIRO,
BLINDAR-SE DOS IMPREVISTOS FINANCEIROS,
DOMINAR O MERCADO DE INVESTIMENTOS
E CONSTRUIR UM FUTURO DE PROSPERIDADE

Diretora
Rosely Boschini

Editora
Franciane Batagin Ribeiro

Assistente Editorial
Rafaella Carrilho

Produção Gráfica
Fábio Esteves

Preparação
Carolina Forin

Capa
Rafael Nicolaevsky

Foto de capa
Christiano Tessari

Projeto gráfico e diagramação
Vanessa Lima

Revisão
Fernanda Guerriero Antunes

Revisão técnica
Marcelo Soares

Impressão
Edições Loyola

Copyright © 2021 by Carol Dias
Todos os direitos desta edição
são reservados à Editora Gente.
Rua Original, 141/143 – Sumarezinho
São Paulo, SP – CEP 05435-050
Telefone: (11) 3670-2500
Site: www.editoragente.com.br
E-mail: gente@editoragente.com.br

Dados Internacionais de Catalogação na Publicação (CIP)
Angélica Ilacqua CRB-8/7057

Dias, Carol
 Rumo à riqueza : como multiplicar o seu dinheiro, blindar-se dos imprevistos financeiros, dominar o mercado de investimentos e construir um futuro de prosperidade / Carol Dias. – 1. ed. – São Paulo : Editora Gente, 2021.
 224 p.

 ISBN 978-65-5544-093-5

 1. Finanças pessoais 2. Investimentos I. Título

21-0779   CDD 332.024

Índice para catálogo sistemático:
1. Finanças pessoais

NOTA DA PUBLISHER

Extremamente competente e habilidosa, Carol Dias ingressa no *cast* de autores da Editora Gente com um motivo muito nobre: ajudar pessoas a conquistarem seus sonhos e mudar de vida. Com uma grande visibilidade no mundo financeiro, Carol não é apenas educadora do assunto, mas mostra ao brasileiro que é possível poupar e multiplicar o nosso dinheiro com os conhecimentos corretos e disciplina. Ela é um exemplo a ser seguido!

Carol não faz rodeios, como costumo dizer. Em nossa primeira reunião, já era possível sentir a força que possui em suas palavras. Ela é clara, direta e muito empoderada. Educadora financeira, acumulou uma quantia significativa investindo aos poucos. Agora, em **Rumo à riqueza**, Carol ensina algo primordial: é preciso disciplina e muito estudo para multiplicar o dinheiro. E, para alcançar uma vida com prosperidade, é necessário investir.

Por fim, para concluir este primeiro momento de apresentação da obra, gostaria de trazer as palavras mais fortes de Carol para incentivá-lo nessa jornada de autoconhecimento e aprendizados financeiros. Então, como ela mesma diz: **voa, Brasil!** Um futuro de prosperidade está a uma página de distância. Boa leitura!

ROSELY BOSCHINI – CEO e publisher da Editora Gente

CARO LEITOR,

Queremos saber sua opinião sobre nossos livros.
Após a leitura, curta-nos no facebook.com/editoragentebr,
siga-nos no Twitter @EditoraGente,
no Instagram @editoragente e visite-nos
no site www.editoragente.com.br.
Cadastre-se e contribua com sugestões, críticas ou elogios.

DEDICATÓRIA

Dedico este livro a todos os brasileiros que desejam transformar suas vidas para viverem melhor e conquistarem seus sonhos, e que acreditam no meu trabalho, me apoiando sempre.

Dedico também ao meu irmão, André Dias, que é a pessoa que sempre acreditou no meu projeto, pois sabe do amor que tenho pelo que faço e sabe qual é o meu propósito em ajudar as pessoas a terem uma vida melhor, além de me apoiar nos bons e maus momentos, nunca duvidando do meu esforço e da minha competência. Graças a ele, sou uma pessoa melhor a cada dia.

Dedico à minha família, que sempre apoiou meus projetos e acreditou em mim. E à minha irmã, cujo apoio, em diversos momentos, foi fundamental.

AGRADECIMENTOS

Agradeço primeiramente a Deus, pois tenho muita fé em todos os meus projetos, o que considero essencial em tudo que fazemos. Quando comecei este livro, tive Deus como base para dar um novo significado à minha fé, tendo como propósito a vontade de ajudar a mudar a vida das pessoas. É a Ele que agradeço por poder trabalhar com o que amo, impactando a vida de milhares de brasileiros.

Agradeço à minha família, que sempre me deu os valores necessários para que eu me tornasse estudiosa, persistente e resiliente – sobretudo com as críticas. Graças a ela, cresci com os ideais de respeito, amor ao próximo e dedicação em tudo que faço. Para mim, o amor ao trabalho vem antes de qualquer coisa. E é esse pensamento que mantenho desde que comecei minha vida profissional.

Agradeço também ao meu time, que sempre esteve ao meu lado, acreditando no meu projeto. Não faço nada sozinha, sou acompanhada por uma equipe que lutou e luta comigo todos os dias, fornecendo apoio incondicional.

Agradeço aos amigos verdadeiros, poucos, mas que sempre me apoiaram e apoiam até hoje.

 SUMÁRIO

- 10 PREFÁCIO
- 14 INTRODUÇÃO: QUEM QUER SER UM MILIONÁRIO?
- 26 CAPÍTULO 1: 'BORA' APRENDER A INVESTIR?!
- 38 CAPÍTULO 2: NÃO CONFIE SEUS INVESTIMENTOS A QUALQUER UM
- 52 CAPÍTULO 3: E POR QUE NÃO COMEÇAR AGORA?
- 64 CAPÍTULO 4: CHEGOU A HORA! DECIDA INVESTIR EM SEU FUTURO E EM VOCÊ
- 76 CAPÍTULO 5: É HORA DE VIRAR A CHAVE DA SUA MENTALIDADE
- 98 CAPÍTULO 6: O BÁSICO E NECESSÁRIO
- 120 CAPÍTULO 7: HORA DE APRENDER DE VEZ SOBRE INVESTIMENTOS
- 154 CAPÍTULO 8: O INVESTIDOR ILUMINADO
- 176 CAPÍTULO 9: É HORA DE APROFUNDAR UM POUCO MAIS
- 204 CAPÍTULO 10: A RIQUEZA ESTÁ A SUA ESPERA, DO OUTRO LADO DO RISCO
- 210 CAPÍTULO 11: A SUA HORA DE DECOLAR
- 216 NOTAS

Recebi

o convite da minha querida irmã, Carol Dias, para prefaciar o seu livro e, com muita honra e felicidade, eis-me aqui escrevendo. O ato de escrever e endossar o conteúdo dela é não apenas uma honra, mas também uma grande responsabilidade, principalmente para alguém como eu que nunca havia escrito nada para ninguém.

Deste modo, trago nestas primeiras páginas uma bate-papo direto e com pontos que verdadeiramente me encantaram no livro, mas que também acredito que podem e vão mudar a sua vida.

Minha história com o mercado de ações e de investimentos começou em 2006 quando apliquei o meu dinheiro pela primeira vez em uma ação e, a partir daí, passei a estudar diariamente sobre o assunto e me desenvolver. Para a Carol, que acumulou um patrimônio grande a partir do trabalho que fez na televisão, vimos uma jornada de investimentos de mais de dez anos que se transformou completamente após alguns tropeços que você verá neste livro. Alicerçados em muito estudo e dedicação, nos juntamos em 2015 para nos debruçarmos com mais intensidade sobre a renda variável e construirmos um patrimônio de rentabilidade e sucesso.

RUMO À RIQUEZA

Nesse período, tive certeza da enorme paixão que Carol tem pela área. Todos os dias eu a via estudando entre quatro e seis horas sobre o assunto, dedicando-se ao máximo e investindo todo o seu tempo para entender como iria melhorar a rentabilidade de suas finanças e, ainda, cumprir o seu propósito de vida, que naquela época já era latente: mudar a vida financeira do brasileiro para que ele pudesse usufruir da independência financeira e de um estilo de vida mais confortável. Uma missão nobre, com certeza, porém muito difícil considerando a baixa taxa de investidores em nosso país.

Ela Rapidamente começou a dominar os conceitos e passou a aplicar o que aprendia em seus investimentos. Recordo-me de uma conversa que tivemos em 2015 quando ao analisarmos seus investimentos juntos. Ela tinha, realmente, um patrimônio diferenciado, conquistado com muito trabalho árduo e adquirido com base na trajetória que você verá aqui neste livro.

Com o passar dos anos, muito estudo e muita dedicação, ela apresentou uma carteira de investimentos vencedora. É claro que nesse processo aconteceram muitos acertos, mas também muitos erros que levaram à aprendizados preciosos para que ela pudesse seguir em frente. Warren Buffett, famoso investidor e filantropo americano, tem uma frase que Carol e eu usamos como princípio: "Regra número um: nunca perca dinheiro. Regra número dois: nunca esqueça a regra número um". Levamos essa máxima conosco em todos os momentos de nossa vida e o objetivo dela é mostrar que você deve sempre acertar mais do que errar, principalmente quando o assunto é finanças, pois só assim você será vencedor.

Em 2019 tivemos a ideia de reunir todo o conhecimento e experiência adquiridos para aplicá-lo nas redes sociais e foi um tremendo sucesso. A ideia era dar continuidade a grande missão de vida da Carol, que já havia aparecido no princípio dos estudos e agora poderia ser passada adiante, ajudando milhares de brasileiros a investirem melhor, promovendo a educação financeira e, assim, possibilitando às pessoas a conquista de seus sonhos de modo mais rápido e inteligente.

Assim, Carol traz neste livro incrível a proposta de que você transforme a sua vida por meio da educação financeira atingindo o patamar

PREFÁCIO

de investidor de sucesso. E como ninguém vive apenas de teoria, *Rumo à riqueza* vai incentivar você a colocar em pratica os exercícios aprendidos na leitura.

Aqui você encontrará conteúdos básicos e avançados, passando pelos conceitos essenciais para mudar o seu pensamento sobre o dinheiro e sobre a construção de riqueza. Carol ensinará a você sobre renda fixa, como poupança e reserva de emergência, mas também renda variável, como fundos de investimento. Além disso, você ficará por dentro do que tem atraído cada vez mais brasileiros a investir de modo acertado, tal como ações, fundos imobiliários, investimentos no exterior, ouro e criptomoedas.

Assim, para encerrar, recupero um pensamento do empreendedor estadunidense Jim Rohn: "Se você não está disposto a arriscar, esteja disposto a uma vida comum". Como Carol costuma dizer, o medo de investir não pode ser maior do que a sua coragem de viver uma vida melhor. É isso! Esperamos você nas próximas páginas e desejamos que utilize tudo o que encontrará aqui para mudar a sua vida. Agora é a hora e você não pode mais deixar para depois. Como diz a Carol, voa Brasil!

ANDRÉ DIAS,
investidor e empresário

INTRODUÇÃO: QUEM QUER SER UM MILIONÁRIO?

"Aaah, nem vem! O que é que uma ex-panicat pode me ensinar sobre dinheiro?"

Sei que há quem torça o nariz e pense algo assim quando me vê no Instagram, YouTube ou, agora, por meio deste livro. Talvez o leitor conheça alguém com tal mentalidade ou até carregue dentro de si algum traço desse preconceito. Nesse caso, aí vai um convite: deixe-me compartilhar minha história com você. E tire suas conclusões. Começo com uma provocação: muita gente pode não acreditar, mas não nasci modelo. Muito menos, panicat.

Aliás, aproveito para me apresentar: prazer, eu sou Ana Caroline Janeiro Dias, mais conhecida como Carol Dias, e já vivi bastante coisa, antes e depois da minha carreira na televisão. Durante oito anos, no entanto, minha presença na telinha ou como modelo pode ter feito muitos acharem que eu só me preocupava com a minha imagem e com alguns números que diziam respeito às minhas medidas. Mas quem pensava dessa maneira estava enganado; assim como muitas pessoas, chegou um momento em que o caminho que eu trilhava não era suficiente para mim.

RUMO À RIQUEZA

Desde bem nova, sempre tive um pensamento voltado a economizar. Lembro-me de quando ainda era criança e colocava as moedas que recebia em um cofrinho que ganhei. Consigo recordar a sensação de felicidade que aquilo me trazia. Se, muitos anos depois, tive êxito em acumular mais de 3 milhões de reais[1] com meu trabalho e investindo, acredito que as raízes disso venham do que vivi na infância e na adolescência. Somos formados a partir do que vivemos, do que sentimos, das nossas crenças e dos nossos traumas. É assim que cada um cresce: errando, aprendendo, acertando. Sempre acreditei nisso.

Na minha família, sou a caçula de três irmãos, todos nós com idades bem próximas. Minha irmã tem 38 anos, meu irmão 36 e eu 34. Vivemos altos e baixos ao longo do nosso desenvolvimento. Quando eu ainda era bem pequena, meu pai tinha uma empresa na área de varejo. Algo que construiu do zero, apenas com seu esforço e habilidade natural com as finanças e com os números, já que não havia concluídos os estudos, pois começou a trabalhar aos 15 anos, ajudando meu avô em um bar.

No auge dos negócios, fim dos anos 1980, meu pai chegou a ser dono de uma fábrica de lingerie e uma loja de artigos para cama, mesa e banho. Nessa época, tínhamos um bom padrão de vida. Estudávamos em boas escolas. Apesar da existência da fábrica e da loja, minha mãe, que para nós sempre foi uma guerreira, queria ter seu próprio dinheiro, por isso trabalhava como autônoma. Durante anos, realizava a venda de roupas para famílias ricas no sistema porta a porta.

Minhas primeiras memórias da infância são de um padrão de vida mais alto, no entanto, os negócios do meu pai começaram a ir mal, e nossa vida mudou. Com isso, nossa família passou por momentos muito difíceis, de desequilíbrio, e tivemos de aprender muitas lições financeiras naquele período. Tenho convicção de que foram elas que me moldaram e, consequentemente, foi a partir delas que consegui estar aqui, compartilhando este conteúdo com você, leitor.

Sempre fui uma pessoa disciplinada, persistente e resiliente. São características minhas. Por exemplo, mesmo com a queda em nossa renda familiar, eu segui frequentando boas escolas porque, em muitas ocasiões, consegui bolsas destinadas aos melhores alunos. Na adolescência, lembro-me de muitas vezes programar o despertador para

INTRODUÇÃO: QUEM QUER SER UM MILIONÁRIO?

acordar por volta das 4 horas da manhã e, assim, ter mais tempo para estudar para as provas.

Por fim, posso afirmar com toda convicção que as dificuldades serviram como uma alavanca para que eu crescesse, sempre buscando forças e focando os pontos positivos que enxergava em mim, e que ser uma milionária não foi algo que aconteceu da noite para o dia. Envolveu muita garra, muita luta, muita disciplina e tantos outros aprendizados, e, com toda a certeza, é algo que começa com um pequeno passo que fará toda a diferença na sua trajetória.

DIAS DE LUTA

Você tem ideia do que é passar doze horas seguidas em pé, em uma feira, distribuindo panfletos para os visitantes de um estande? Pois é, eu tenho. Por isso, respeito muito todas as pessoas que exercem um trabalho assim. Valorizo o esforço de quem me liga, fazendo telemarketing, ou de quem me entrega um simples folheto na rua, porque sei que não é um trabalho fácil. Aliás, não custa nada sermos gentis e respeitar o próximo, não é mesmo? Acredito muito nisso.

Na época em que trabalhei como panfleteira, eu recebia 150 reais por dia de evento e encarava uma feira seguida da outra. Lembro-me de trabalhar por um tempo na divulgação de uma escola de informática, para a qual eu usava uma prancheta para anotar os dados dos potenciais interessados. Em uma feira lotada, ao abordar uma moça que passava apressada, acabei levando uma "pranchetada" na cara por conta de um movimento abrupto dela.

Esse era apenas um dos riscos da função. Eram tempos difíceis. Por exemplo, sempre gostei do Burger King, mas só tinha dinheiro para comer na lanchonete uma vez a cada quinze dias. Lembro-me de como ficava feliz quando esse dia chegava. Após um tempo como panfleteira, passei a ser coordenadora de eventos. Nessa época, percorria a cidade, sempre de transporte público. Cruzava São Paulo de trem, metrô e ônibus. Houve um período em que trabalhava em três empregos e sofria com algumas crises de labirintite, motivo pelo qual cheguei a ficar internada.

RUMO À RIQUEZA

   Também trabalhei em academia e em shopping center como gerente de loja. Sei como é difícil pagar as contas e ao mesmo tempo pensar em como economizar, como juntar dinheiro. Posteriormente, entrei na faculdade para cursar Nutrição, embora considerasse trocar para Educação Física. Apesar da dúvida sobre qual das carreiras seguir, eu tinha certeza de que desejava continuar com meus estudos.
   No entanto, por falta de recursos, me vi obrigada a parar a faculdade. Sem alternativas, passei a me concentrar integralmente no trabalho. Estava com 18 anos e decidi que iria atrás da minha independência, em todos os sentidos. Nunca ganhei nada de mão beijada dos meus pais, portanto tinha que aprender a poupar e juntar meu dinheiro. Considero que essa fase desafiadora que enfrentei foi boa para aprender.
   Uma situação dessa época que nunca esqueci foi uma ocasião em que eu estava indo para o shopping em que trabalhava e ocorreu algo que me marcou. Chovia e, como de costume, eu esperava o transporte público em um ponto de ônibus. Porém, em determinado momento, a chuva apertou, acompanhada de um vento forte. Meu guarda-chuva não resistiu e quebrou. Na tentativa de arrumá-lo, tudo que eu carregava em uma sacola caiu no chão molhado e passou a ser levado pela ventania. Para meu desespero, roupas e objetos pessoais ficaram ensopados e sujos. Diante das outras pessoas, senti uma baita vergonha. Ao mesmo tempo, aquilo foi um ponto de virada para mim. Ali, naquele dia, pensei: *Não quero mais isso. Vou ganhar dinheiro e mudar de vida!*

„**É ASSIM QUE CADA UM CRESCE: ERRANDO, APRENDENDO, ACERTANDO. SEMPRE ACREDITEI NISSO.**"

@caroldias

RUMO À RIQUEZA
'APENAS' 100 MIL NA CONTA

Quando digo que consegui acumular mais de 3 milhões de reais a partir do zero, há quem questione: "Como isso é possível?". Explico: ao entrar na TV, além do salário que ganhava, passei a conseguir rendas extras. Fazia diversas campanhas publicitárias e cheguei até mesmo a ser garota-propaganda de uma fabricante de motocicletas e de uma marca de cosméticos. Além disso, comecei a juntar um bom dinheiro com eventos. Ou seja, a televisão foi algo que me abriu diversas portas.

Ao mesmo tempo, aprendi a ser ainda mais disciplinada. Abri mão de incontáveis fins de semana de lazer ou em família para trabalhar muito. Via amigas e amigos curtirem o sábado e o domingo deles enquanto eu passava horas e horas me dedicando à minha carreira. E tenho plena noção de que essas privações que enfrentei na adolescência e no início da carreira deixaram consequências, sobretudo na minha relação com o dinheiro. Você sabe qual é o seu maior medo? Pois o meu eu sei.

As adversidades que encarei pela falta de dinheiro criaram alguns receios muito profundos em mim. O maior deles: o medo da escassez. Temor de ficar pobre, sem dinheiro, passar necessidade. Por causa disso, sempre procurei economizar. Antes de pagar as minhas contas, sempre tirava uma parte do que ganhava para investir, o que considero fundamental. Levava a sério o ato de poupar. Até hoje há quem diga que sou "pão-duro" ou "mão de vaca". E admito: sou mesmo. Não gasto à toa. Só desembolso meu dinheiro com coisas das quais gosto, que realmente me fazem bem.

Pelo medo da escassez, mesmo adulta, já em uma fase em que conseguia guardar dinheiro, se visse minha conta com 100 mil reais, era tomada de um pânico irracional. Achava que aquela quantia era pouca e que poderia ficar pobre, vivendo novamente as dificuldades que enfrentei na minha adolescência. Há quem tenha medo de alguma doença, do fracasso ou de perder alguém, por exemplo. O meu pavor era da pobreza, por já ter passado por momentos de privação.

Em paralelo, lembro-me de que meu pai encarava os momentos de dificuldade financeira sempre nos dizendo: "Junte seu dinheiro!".

INTRODUÇÃO: QUEM QUER SER UM MILIONÁRIO?

Isso me acompanhou, e somente com o passar dos anos aprendi a ressignificar essa frase.

CONHECIMENTO CONTRA 'ROUBADAS'

E assim, ao longo dos oito anos na televisão, consegui chegar ao meu segundo milhão acumulado. Ótimo, não é mesmo? Bom, mais ou menos, uma vez que hoje sei que poderia ter chegado a um valor bem maior. Na verdade, descobri que estava perdendo dinheiro com meus investimentos. Por absoluta falta de conhecimento, errei. Era possível ter feito muito melhor se eu tivesse aplicado minhas economias de outra maneira, com informação.

Como descobri meus erros? O ano era 2015, e em uma conversa com meu irmão, André, entramos no assunto dinheiro. Até ali, costumava ser reservada sobre minhas aplicações, não falava a respeito disso com ninguém. Porém, meu irmão sempre entendeu muito de finanças, já que trabalhou em banco e no mercado financeiro por uma década. Desde criança, sempre o considerei um geniozinho. Ao falar que vinha investindo sob orientação do meu gerente, meu irmão ergueu uma sobrancelha e disse: "Posso ver como são essas aplicações?".

Detalharei nos próximos capítulos tudo o que ocorreu, mas basta dizer que a maior parte do meu dinheiro estava em uma aplicação nada vantajosa e que eu ainda pagava uma taxa de administração alta para o banco. Além disso, a falta de educação financeira tinha feito com que eu adquirisse cartas de crédito de consórcios de um imóvel e de um carro, o que se mostrou, no meu caso, um investimento ruim. Agora, terei que esperar um tempão para receber o meu dinheiro.

Mas por que fiz tudo isso? Simples. Eu apenas havia seguido as orientações do gerente do banco, uma das maiores instituições do país. Sujeito simpático, que falava bem e era sempre atencioso, ele me convenceu a seguir suas indicações, o que me colocou naquela péssima situação. Quando entendi, não acreditei que tinha feito aquilo. Fiquei com raiva de mim mesma. Era uma época em que não havia tantas informações disponíveis sobre educação financeira e

RUMO À RIQUEZA

investimentos. Hoje, existe muito conteúdo sobre isso em cursos, no YouTube ou no Instagram.

E, à medida que se aprofundava naquele cenário, meu irmão dizia: "Ele enfiou você em outra roubada aqui". Ou seja, da parte dele, o gerente havia batido todas as suas metas no banco, mas, para isso, minhas economias foram prejudicadas. Passei a buscar informações e prometi para mim mesma que jamais confiaria no "gerente de banco bonzinho" novamente. Claro, com isso, não estou querendo dizer que todos os gerentes e todos os bancos agem assim. Existem ótimos profissionais e excelentes instituições. Mas ali, pontualmente, foi um grande aprendizado. Comecei a me inteirar sobre finanças e investimentos. Sou disciplinada, lembra? Estudar sempre fez parte da minha vida. Portanto, se me senti segura para ensinar os outros, é porque já havia lido bastante sobre o assunto e estava preparada para isso.

NOVOS DESAFIOS

Como é fácil perceber, aquela experiência com o gerente "simpático" gerou um trauma em mim. Há um antes e um depois daquilo. Por isso, acredito que qualquer pessoa pode, a qualquer momento, se tiver vontade e buscar conhecimento, mudar sua história com o dinheiro. Acredite, é possível. Sempre que alguém me pergunta se eu tive medo de começar em uma nova área, a da educação financeira, eu digo: "Não!".

Afinal, fui estudar sobre o assunto. Enfrentei, claro, uma série de preconceitos. Simplesmente por ser mulher em uma área majoritariamente masculina. Ou porque não faltam indivíduos com preconceito em relação à mudança de vertente que aconteceu em minha carreira. Mas acredito que o preconceito sempre diz muito mais sobre quem o manifesta do que sobre quem é alvo dele.

Uso linguagem acessível, afinal, não vim do mercado financeiro, sou fruto da minha história pessoal. Uma garota simples, que se tornou investidora, errou, mas que em determinado momento conseguiu enriquecer com seu esforço. Muita gente me pergunta, sobretudo as mulheres: "Como você conseguiu fazer isso?".

INTRODUÇÃO: QUEM QUER SER UM MILIONÁRIO?

Faço para mostrar às pessoas que dá para mudar. O seu destino não é determinado pelo que falam para você, mas sim pelo esforço que você faz em direção aos seus objetivos.

EU, EDUCADORA FINANCEIRA

A partir daquela conversa inicial em 2015, a parceria com meu irmão deu tão certo que decidimos trabalhar juntos. Diversifiquei minhas aplicações e passei a fazer muitos cursos na área de educação financeira. Ao procurar conteúdo sobre isso na internet, caímos sempre nos canais das mesmas pessoas, a maior parte constituída de ensinamentos técnicos, pouco acessíveis na minha visão.

Diante disso, desde 2018, passamos a produzir conteúdo sobre ações e outros investimentos via YouTube e Instagram, rede social na qual meu perfil, em 2020, caminhava para 6 milhões de seguidores. Boa parte dessa audiência vem em razão da minha passagem pela televisão, é claro. Graças a essa visibilidade, atingi um público enorme, gente do Brasil inteiro. Mas, para minha surpresa, desde que passei a tratar de finanças, tive um aumento no engajamento.

Recebo diversas perguntas de pessoas que não sabem como investir. Muitas vezes, é gente que tem algum dinheiro, seja uma quantia pequena ou até maior, mas não sabe por onde começar. Com a taxa de juros do Brasil em um patamar baixo, a renda fixa não rentabiliza mais. Diante disso, as pessoas precisarão se movimentar.

Para entender os altos e baixos da economia brasileira, podemos observar as variações da taxa Selic, que é a taxa básica de juros definida pelo Banco Central. A Selic determina diretamente o rendimento de investimentos, como algumas modalidades do Tesouro Direto. Em março de 1999, essa taxa alcançou um patamar de 45% ao ano. Apenas quatros anos depois, em março de 2003, ela já era de 26,5% ao ano. Ao olharmos para agosto de 2016, a Selic era de 14,25% ao ano, e, por fim, em agosto de 2020, estava em 2%.[2]

Por diversos motivos da história econômica do Brasil, o investimento em ações ainda não se popularizou no país. No Brasil, somente 1,52%[3]

da população[4] investia na bolsa de valores em dezembro de 2020. Para fazer uma comparação, nos Estados Unidos, 55% da população tinha investimento em Bolsa no mesmo período.[5] Na França, 12% investiam em 2015[6] e, na Alemanha, 13% em 2014.[7] Existe, portanto, um potencial enorme de crescimento. Acredito que a procura por esse tipo de investimento vá aumentar nos próximos anos. Em que categoria você vai querer estar? De investidor ou de quem não consegue multiplicar seus ganhos? Se quiser ser investidor, saiba que posso ajudá-lo.

QUAL É A SUA MENTALIDADE?

Gosto de compartilhar minha história, pois sei que pode ter ocorrido algo parecido com você ou com alguém próximo. Quero alertar as pessoas para ajudá-las a evitar os erros que cometi. A ideia deste livro é justamente orientar você. Todavia, não há problema em errar se você aprender com suas falhas, e não tenha medo, pois faz parte do jogo. Meu erro foi ter dado ouvidos às pessoas erradas e não ter consultado especialistas. Não faltam gerentes de banco para dizer onde você deve colocar seu dinheiro, indicando determinada aplicação ou orientando a adquirir um seguro ou um consórcio. Acredito que a vacina para isso seja o **conhecimento**. Ele me libertou, e quero que liberte você também.

Se você comprou previdência por ter ouvido algum gerente, saiba que é perfeitamente possível organizar suas finanças e aprender a evitar roubadas. Nos próximos capítulos, quero compartilhar o que aprendi com especialistas do mercado financeiro em anos de aplicações. Como poupar e como rentabilizar. Além do investimento, seja em ações ou outras alternativas, acredito que a população precise de informações qualificadas para mudar hábitos e a própria mentalidade em relação ao dinheiro.

Por isso, nas próximas páginas, quero falar sobre a importância de você aprimorar sua disciplina. Mais do que isso, aliás, pois acredito que é possível mudar nossa mentalidade em todos os sentidos. Evoluir e se desenvolver. E aqui estou falando com quem tem muito ou pouco

INTRODUÇÃO: QUEM QUER SER UM MILIONÁRIO?

dinheiro, mas quer investir. E, claro, quero também falar com quem não tem dinheiro ainda, mas quer aprender. O que você precisa saber e fazer para aprender a guardar seu dinheiro? Veremos tudo isso.

Infelizmente, observo que a maioria das pessoas não tem cuidado com suas finanças. Gente que gasta indiscriminadamente ou não sabe como ganhar dinheiro. Também há quem diga: "Não sei como começar, mas também não quero aprender. Isso não é para mim".

As pessoas precisam de informação até para saber sobre os riscos de investir. Conheço histórias de gente que colocou todas as suas economias em apenas uma aplicação, como a bolsa de valores, e ficou desesperada diante de uma queda abrupta, como a ocorrida a partir de março de 2020, com a pandemia da covid-19.[8] Ou seja, é preciso entender sobre investimentos, Bolsa, renda variável, riscos, mas antes disso tudo vem a mentalidade. Veremos alguns pontos-chave para essa mudança.

Convido você a embarcar nessa jornada comigo. Nela, o ensinarei a começar com pouco, investir em você e construir um futuro financeiro próspero. Acredite, a estruturação de um amanhã afortunado tem início hoje, com o desenvolvimento da sua riqueza. Se estiver pronto para essa expedição por meio do conhecimento e da mudança de mentalidade em relação ao dinheiro, vamos em frente pelas próximas páginas. Pois quero que você voe, como eu mesma fiz. E que voemos juntos, rumo à riqueza.

#voabrasil

|25

'BORA' APRENDER A INVESTIR?!

Fala

, meu amor! Como é que você está? Espero que esteja ótimo. Agora que já conhece um pouco mais da minha história, convido-o a começarmos juntos nossa jornada. Vamos falar sobre como lidar com o dinheiro e também sobre os caminhos que nos levam à riqueza. Para mim, esses são temas muito importantes. Aliás, no caso do nosso país, eu diria até mais: é urgente fazer essa reflexão. Por quê? Simples. Muitos brasileiros não sabem como investir[9] por não terem os conhecimentos necessários para fazer sua primeira aplicação. E isso não é uma situação banal, uma vez que se desdobra em uma série de outros problemas.

Por exemplo, existe uma infinidade de pessoas que acaba deixando o que tem na poupança, pensando que essa é a melhor solução em investimentos. Mas eu explicarei a você, tim-tim por tim-tim, porque esse método, atualmente, não pode nem ser considerado um investimento. Se você é uma dessas pessoas que ainda acreditam na velha caderneta de poupança, por ora, basta saber que está perdendo dinheiro. Mas não precisa se desesperar. Sempre é tempo de mudar e iniciar a trilha rumo à sua independência financeira. Decidi escrever este livro justamente para ajudá-lo nesse trajeto.

|27

RUMO À RIQUEZA

Além de ver seus recursos quase não renderem em investimentos muito tradicionais, como a poupança, muita gente tem dificuldade em decidir qual é o melhor caminho quando o assunto é cuidar dos seus recursos. Também enfrentam a falta de um mentor, alguém de confiança para direcioná-los nesse tema que no Brasil ganha ares de tabu. No entanto, precisamos falar do seu dinheiro. Embora ainda possa ser polêmico para muitas pessoas, trata-se de um tópico extremamente necessário. Hoje e sempre.

Percebo a falta de intimidade de muitos brasileiros com o tema, de um modo geral, por meio dos inúmeros questionamentos que chegam até mim via redes sociais dia após dia. Infelizmente, muitas das dúvidas indicam que a população está perdida em relação ao que fazer com suas economias. Mas quais são os motivos que explicam essa situação? Uma das principais razões é a falta de educação financeira básica. Falo da total ausência de conhecimento. Estamos falando de um debate que está distante da vida da população, seja em casa ou na escola.[10]

Quem aproveita demais essa falta generalizada das noções mais elementares são alguns bancos, que, com isso, sempre podem nadar de braçada e ganhar muito quando as pessoas aplicam mal o seu dinheiro. Sempre deixando claro que não estou me referindo a todos os bancos, já que existem excelentes instituições.

Um fator adicional neste cenário é o histórico da taxa Selic, que durante tanto tempo esteve em alta no Brasil[11] e tornava as aplicações em renda fixa um pouco mais atraentes do que são hoje. Mesmo com o dinheiro rendendo pouco, não eram aplicações que se precisasse estudar mais a fundo ou acompanhar todos os dias. Atualmente, no entanto, essa situação mudou. Com a taxa Selic em baixa, os indivíduos se veem obrigados a estudar mais para conseguirem rentabilizar suas economias.

A falta de educação financeira, portanto, é uma grande barreira. Como já vimos, em países desenvolvidos, como nos Estados Unidos, por exemplo, 55% da população investe na Bolsa. No Brasil, apenas 1,52% das pessoas aplica em ações. O que falta para nós? Conhecimento na área. Esse é um tema que deveria ser abordado com muito mais frequência nas famílias, nas escolas, nas faculdades. Finanças não deveriam ser um assunto proibido e evitado. Pelo contrário, é preciso

'BORA' APRENDER A INVESTIR?!

quebrar esse tabu e mostrar quanto é importante falar sobre isso. Nesse sentido, portanto, os brasileiros ainda precisam dar o seu grito de liberdade. Mas por onde começar?

A EDUCAÇÃO QUE FAZ TODA A DIFERENÇA

Que a educação financeira faz falta, disso não há dúvida. Que isso traz uma série de problemas adicionais, também já está bem claro. Mas como solucionar essa carência, tanto no caso das gerações atuais como no das futuras? E por onde começar a introduzir esses conceitos, em casa ou na escola? Embora a resposta mais adequada seja "em ambas", no cenário brasileiro, acredito que essas iniciativas devem ter início nas salas de aula. Afinal, a tarefa de se tornar um adulto consciente em relação ao dinheiro envolve aprendizado em alguma fase da vida do indivíduo.

O objetivo da educação financeira é criar nas pessoas uma relação saudável com seus ganhos. Trata-se, porém, de um processo complexo, uma vez que requer o desenvolvimento de uma perspectiva de longo prazo, persistência e treinamento.

Nos países desenvolvidos, é consenso que esse preparo faça parte do cotidiano familiar. Em um segundo momento, na escola, o indivíduo terá a oportunidade de reforçar sua formação nessa área com o conhecimento que adquiriu em casa. Por aqui, infelizmente, essa ainda não é uma prática que integra o dia a dia de uma esfera ou da outra. Para muitos especialistas, a falta dessa base gera consequências determinantes, instabilidades econômicas e repercussões significativas, de todas as ordens, na vida da pessoa.[12]

Estou convencida de que a falta desse ensino nas escolas tem consequências mais amplas e é capaz de afetar até mesmo a cultura e a política de um país. Nesse sentido, até existem aqui algumas iniciativas, mas considero o alcance dessas ações ainda muito limitado. É o caso da Estratégia Nacional de Educação Financeira (Enef),[13] criada em 2010 pelo governo federal, que promove ações pedagógicas sobre o assunto para alunos dos Ensinos Fundamental e Médio.

RUMO À RIQUEZA

Ao longo de uma década, tivemos poucas crianças aprendendo sobre algo tão importante no ensino público. Em todo o país, apenas 622 escolas foram incluídas no projeto itinerante do Enef,[14] em um universo de mais de 141 mil escolas públicas existentes.[15] Nesse cenário, as crianças crescem, se tornam adultos, têm filhos e vão passar essa inabilidade com as finanças adiante, configurando-se em um círculo triste e improdutivo.

Quando o assunto é lidar com números, infelizmente, estamos fazendo feio. O Brasil não conseguiu registrar avanços significativos no desempenho dos estudantes em Matemática no mais importante ranking mundial de educação. O resultado do mais recente Programa Internacional de Avaliação de Estudantes (Pisa, na sigla em inglês), realizado em 2018, apontou que os estudantes brasileiros seguem entre os últimos dez colocados na prova de Matemática.[16] No Pisa 2015, o Brasil havia ficado em último lugar em um ranking de quinze países em competência financeira.[17]

Nos países em que a educação financeira é levada a sério e ensinada aos pequenos desde cedo, os reflexos são inúmeros. A população tem mais inteligência e conhecimento para empreender e até mesmo para fazer escolhas mais conscientes de seus representantes políticos. São sociedades em que os cidadãos, habituados com a educação financeira, conseguem gerir empreendimentos com maior qualidade, tirando o dinheiro da mão de alguns poucos e gerando mais capital e emprego para muitos.

DA SALA DE AULA PARA A SALA DE CASA

Falamos sobre a importância da educação financeira nas salas de aula, mas acredito que esse tema também deve estar no dia a dia das famílias fora dos muros das escolas, sempre que possível. Quer um exemplo básico? Muitos pais defendem que a criança, desde cedo, deve saber o dia de ganhar presente. Concordo com essa tese. Conheço um casal que repete um verdadeiro mantra para seus dois filhos, desde muito pequenos: "Vocês só ganham presente em três datas: Natal, Dia das Crianças e aniversário". É isso!

'BORA' APRENDER A INVESTIR?!

Quando falamos de educar sobre finanças, acredito que a criança precisa dessa orientação frequente dos adultos que estão ao seu redor para desenvolver disciplina, compreendendo o que são as despesas, por exemplo. É importante que a criança tenha uma noção, ainda que básica, do valor dos alimentos, da água, da energia elétrica consumida em casa etc.

A questão aqui não é depositar na criança uma preocupação que não deve ser dela, mas é saudável que ela seja convidada a fazer parte dessa rotina de maneira simples e educativa. Os gastos com água são um bom exemplo. Os pais podem demonstrar aos filhos como o consumo de água interfere na conta da casa. É possível explicar sobre os valores da conta e a importância da economia.

Para alertar sobre o desperdício da água, outro casal, didaticamente, sempre pergunta aos filhos: "Vocês preferem gastar com a conta de água e luz da casa ou com passeios ou uma viagem bem legal?". É uma forma de educá-los.

==Cito esses exemplos para ressaltar a importância de mostrarmos o valor do dinheiro desde cedo às novas gerações, fomentando cada vez mais a educação financeira.== Há, também, muitos conteúdos de Matemática aprendidos na escola que podem ser aplicados ao dinheiro, desde operações básicas, como soma e multiplicação, para crianças menores, até fórmulas mais elaboradas, para os adolescentes. Mostrar a eles como usar esses conceitos na "vida real" pode ser um importante aliado em como ensinar a lidar com as finanças.

MAS COMO ENSINAR O QUE NÃO SE SABE?

Um dos desafios de trazer o tema da educação financeira para dentro de casa é que muitos pais não sabem a importância disso para passar aos filhos. Se os pais não aprenderam quando eram crianças, eles não têm condições de ensinar. Por isso, muitas crianças desenvolvem problemas com dinheiro. Por não entenderem a função das finanças, acreditam que a mãe é obrigada a comprar brinquedos ou outros produtos para elas a todo momento.

RUMO À RIQUEZA

Não faltam pais e mães que não sabem se organizar com suas economias. Muitos gastam fortunas com seus filhos ou consigo mesmos sem racionalidade. Nesse cenário, a criança ou adolescente pensa: *Ah, meus pais gastam muito com eles ou comigo, então eu também posso gastar.* Novamente, estamos falando de um ciclo criado pelos exemplos que os pais dão aos filhos.

Existem exemplos bem-sucedidos de pais que conseguem criar uma boa educação financeira desde cedo. Conheço um menino de apenas 13 anos que é filho de um casal bem-sucedido. O pai faz questão de que o garoto o acompanhe no trabalho às vezes e veja os negócios da família.

Assim, desde novo, esse adolescente aprende como o pai é exigente no trabalho e sério no controle dos recursos. Tem exemplos em casa. Apesar da pouca idade, ele já manifesta interesse em aplicar suas economias na Bolsa, investindo em boas empresas. Ou seja, trata-se de uma família em que os pais têm recursos, dão boas condições ao filho, mas mostram que nada daquilo vem fácil.

Infelizmente, nem todos têm essa consciência, e entregar dinheiro e cartões "de mão beijada" aos filhos pode ser algo que reflita na adolescência, juventude e vida adulta. Muitos indivíduos crescem achando que seus recursos nunca vão acabar, como se eles brotassem em uma árvore. Caso ocorra uma queda no padrão de vida deles, como ocorreu com a minha família, o que pode acontecer?

Por isso, defendo que os pais conversem com os seus filhos sobre valores. A pessoa pode perder dinheiro, mas não os valores dela. E, com essa base, é possível conquistar novamente um patrimônio. Já quem não tem noção, se perder o que tem, fica sem chão. E pode se ver diante de inúmeros problemas emocionais, como um complexo de inferioridade, por exemplo.

Assim, é importante que, desde cedo, os pais mostrem aos filhos como funciona a relação com as finanças.

PLANILHA EDUCATIVA

Falamos da importância de os pais estarem presentes e atentos à educação financeira que podem passar aos filhos por meio de exemplos e orientações. Mas existem outras maneiras de trazer o tema para o dia a dia das famílias. Uma vez, eu estava na casa de uma amiga quando ela interrompeu uma conversa nossa para e chamar a atenção do filho, na época com apenas 7 anos.

— Filho, seu pai falou para você ir tomar banho e você não foi... Já sabe, né? —, ela disse.
— Aaaaah, já sei, mãe. São 3 reais — ele respondeu, meio contrariado.

Diante desse diálogo, eu quis saber o que aquilo significava. Minha amiga explicou que havia instituído na casa, juntamente com o marido, uma técnica em que atitudes e comportamentos do menino estavam diretamente vinculados à mesada que ele recebia. Portanto, por não ter ido tomar banho no horário determinado, ele teria 3 reais descontados da mesada. Veja, o menino sabia disso, portanto, cabia a ele a responsabilidade pelos atos, assim como lidar com as eventuais consequências.

A mãe explicou que se baseou em uma notícia que havia lido na internet algum tempo antes, sobre um pai, juiz do trabalho e morador da cidade de Cacoal, em Rondônia, que havia criado uma planilha para descontar da mesada atos de desobediência do casal de filhos de 6 e 8 anos. A história viralizou.[18]

Pelas regras, as crianças recebiam 50 reais por mês dos pais. Mas poderiam ter valores descontados caso descumprissem regras ou deixassem de executar atividades que precisavam fazer diariamente, como não deixar os brinquedos jogados pela casa ou manter a higiene pessoal. Segundo esse pai, a ideia é mostrar que, desde pequenos, eles podem aprender a ter responsabilidade, disciplina e lidar com o dinheiro. Ainda segundo ele, as regras não significam punição, mas aprendizado.

Vejo isso como algo interessante, pois a criança ou adolescente já cresce sabendo administrar suas economias. Caso queira ir ao shopping com os amigos ou comprar algo que deseja, vai depender da educação financeira.

RUMO À RIQUEZA

CONSEQUÊNCIAS NA FASE ADULTA

Até aqui, falamos de uma série de questões envolvendo a educação financeira, ou a falta dela, no cotidiano de crianças e adolescentes. Mas é na vida adulta que vemos os ecos e impactos nocivos disso de variadas maneiras. Assim como alguém precisa aprender a nadar para não se afogar caso entre em uma piscina funda, para aplicar seus recursos é preciso ter algum grau de instrução. Sem tal conhecimento, o indivíduo simplesmente não sabe investir, o que, convenhamos, já pode ser considerado um problema e tanto. E, em geral, aquele que não aprendeu a lidar com os centavos também não tem como conseguir administrar bem grandes quantias.

Sem estudo e prática, a pessoa não consegue ter as informações consideradas necessárias para investir ou para fazer sua primeira aplicação de dinheiro. Ou seja, a ignorância no tema faz com que ela não saia do lugar com seus ganhos. Muitos desses indivíduos, por exemplo, acham que o dinheiro que mantêm na poupança vai render, sendo que como veremos mais adiante, a rentabilidade desse método pode ser considerada negativa, uma vez que em anos recentes vem apanhando da inflação, que corrói o poder de compra de quem insiste em deixar suas economias na velha caderneta.

A falta de um mínimo de noção também faz com que muita gente perca dinheiro ao optar por investimentos ruins ou apenas por deixá-lo parado. Neste quesito, há quem aplique em modalidades com baixo retorno por não ter claros seus objetivos com o dinheiro, algo que falaremos mais adiante. Também existem pessoas que, por não saberem qual caminho seguir, acabam deixando de multiplicar seus recursos pela mais pura indecisão. Quem sequer sabe aonde quer chegar não consegue traçar um plano coerente, saindo do ponto A para chegar a um ponto B.

Outro aspecto que percebo e que integra estes pontos problemáticos é a falta que faz um mentor na vida das pessoas. Estou falando de alguém que inspire credibilidade e que possa instruí-lo a seguir as aplicações mais indicadas ao seu perfil. No meu caso, por exemplo,

'BORA' APRENDER A INVESTIR?!

tive e tenho meu irmão, André, como esta pessoa que conhece sobre o assunto e que é de minha total confiança. Para que você entenda a dimensão de tudo o que estou dizendo, recorro a alguns dados que ilustram bem como, no Brasil, ainda há um enorme caminho a ser percorrido para que o conhecimento sobre investimentos seja mais disseminado entre a população em geral.

Divulgada em 2019, uma pesquisa feita pela gestora de recursos norte-americana BlackRock com 1.050 brasileiros[19] revelou alguns dos principais entraves que fazem com que as pessoas em nosso país deixem de aplicar seus recursos. Segundo o estudo, 61% dos entrevistados disseram não investir por "não terem dinheiro suficiente para aplicar". Ao longo deste livro, no entanto, veremos que é possível começar com 10 reais ou menos, ou seja, quantias acessíveis a quase todos.

De volta à pesquisa, vemos que o cenário piora: 37% de quem participou do estudo afirmou não investir por "falta de conhecimento no assunto". Mas outra resposta trazida pelo levantamento demonstra ainda mais o desconhecimento total do brasileiro quando o tema é dinheiro. Nada menos do que 19% dos entrevistados alegaram não investir por "medo de perder tudo", o que indica que uma boa parte das pessoas em nosso país não conhece os princípios mais básicos de investimentos, uma vez que "perder tudo" pode ser considerado algo extremo e bastante incomum.

Ao investigar as principais razões para que as pessoas não tenham começado a investir, a pesquisa apontou que entre as justificativas para tal ausência de informação estavam "não sei o suficiente sobre o tema", motivo apontado por 3 em cada 10 pessoas ouvidas no estudo, seguido por questões como "não sei com quem falar sobre o tema" e "não conheço ninguém que investe". Há ainda quem tenha afirmado "ter medo de não ter controle" ou "não confiar no sistema financeiro".

Mesmo quando falamos dos brasileiros que já investem, percebemos que temos muito o que melhorar. Ainda de acordo com o levantamento da BlackRock, 62% dos entrevistados afirmaram ter dinheiro na poupança, na conta-corrente ou guardar as cédulas em casa. Para 60% das pessoas, tais locais são considerados seguros. Mais da metade dos entrevistados disse acreditar que são pessoas "controladas", o

RUMO À RIQUEZA

que significa dizer que elas creem que ter dinheiro sob o colchão ou estagnado na conta-corrente pode ser considerado um investimento. Falta de conhecimento em estado puro.

O estudo mostrou ainda alguns dos fatores que impedem as pessoas de investirem mais. Entre algumas das razões indicadas pelos brasileiros estavam: "tenho outras metas financeiras para atingir antes", "acho que não sei o suficiente sobre investimentos", "me sinto intimidado pela linguagem financeira", "me sinto intimidado por consultores financeiros", "tenho medo de não ter o controle sobre isso" e "não tenho certeza se posso confiar em um consultor financeiro".

Se muitos desses dados podem ser considerados alarmantes e de certa maneira até tristes, também indicam que o conhecimento é algo que liberta. Somente por você estar com este livro nas mãos já significa que procura seguir um caminho diferente do que muita gente ainda trilha. Fico feliz de ajudá-lo nessa jornada. E pode ter certeza de que estamos apenas iniciando as nossas reflexões em torno da educação financeira e da sua relação com o dinheiro. Vamos seguir rumo à riqueza. Há muito o que ver. Então, voemos juntos. Espero você no próximo capítulo.

"AO LONGO DESTE LIVRO, VEREMOS QUE É POSSÍVEL COMEÇAR COM 10 REAIS OU MENOS. <u>SEMPRE É TEMPO DE MUDAR</u> E INICIAR A TRILHA RUMO À SUA <u>INDEPENDÊNCIA FINANCEIRA</u>."

@caroldias

NÃO CONFIE SEUS INVESTIMENTOS A QUALQUER UM

Fala

, meu amor! No capítulo anterior, tratamos de um grande problema em nosso país: muitas pessoas simplesmente não investem seu dinheiro por absoluta falta de conhecimento, efeito colateral de uma educação financeira que, ao longo de nossa história, sempre foi inexistente, tanto em casa como nas escolas. Essa triste situação, no entanto, desencadeia muitas outras. Percebo, por exemplo, que muita gente tem medo de tomar uma decisão por conta própria e começar a investir. Outras tantas sequer identificam a necessidade e a importância de adotar essa atitude. E isso vale tanto para quem já tem uma quantia guardada como para aquele indivíduo que não possui nada ainda.

Agora, pense comigo: quais são os principais riscos para quem deseja investir, mas não sabe sequer qual é o primeiro passo para isso? Se uma pessoa teme aplicar seu dinheiro e não estuda, é muito provável que ela invista suas economias seguindo as recomendações de outras. Será que já ocorreu algo assim com você ou com alguém que você conhece? Já vi muitos indivíduos que fazem isso e aplicam naquilo que "está na moda". Com isso, ocorre o que classifico como efeito manada. Na internet, a pessoa vê "que todos estão aplicando" nessa ou naquela ação e faz igual.

RUMO À RIQUEZA

Muita gente vai "na onda" e coloca suas economias em determinado investimento sem saber exatamente o que quer, o que precisa, o que é melhor segundo o perfil dela etc. Seja por indicação de conhecidos ou por aquilo que "acha" na internet, o indivíduo, nessas circunstâncias, se vê disposto a investir em um determinado produto, como uma ação de alguma companhia, mas muitas vezes nem sabe o que essa empresa faz.

Isso quando não acontece o pior: por falta de conhecimento, muitos brasileiros acreditam em supostos investimentos com promessas de uma rentabilidade extraordinária e acabam capturados pelos esquemas de pirâmide. Pelos meus canais e redes sociais, busco alertar constantemente as pessoas sobre esses perigos. Desconfie de ganhos absurdos. **Sempre!** Alguns golpistas utilizam métodos para fisgar suas vítimas, que, em um primeiro momento, conseguem até algum pequeno retorno. Apenas para serem convencidas a mergulhar de cabeça e, assim, acabam perdendo muito dinheiro.

Em casos como esses, vale o velho ditado popular: "Quando a esmola é demais, o santo desconfia". Lembre-se de que o golpista é alguém que tem muita lábia, pois vive disso para manter seus planos criminosos. Cabe a você não acreditar em tudo o que vê ou escuta por aí. Pesquise muito, investigue a fundo, questione bem, invista tempo e energia para saber mais sobre aquilo que estão oferecendo.

Não deixe seu dinheiro, conquistado com muito suor, à mercê de qualquer um. E aprenda de uma vez por todas: não existem milagre e ganhos inacreditáveis no mercado. Por isso, duvide daquilo que não faz sentido em termos de rentabilidade. Conheço histórias de pessoas que perderam carro, apartamento e tudo o que haviam economizado por caírem em esquemas como esses. Os noticiários estão repletos de casos assim, por isso é sempre bom redobrar os cuidados.

APRENDA COM OS MEUS ERROS

Existe uma frase famosa que diz o seguinte: "Só um tolo aprende com seus próprios erros. O homem sábio aprende com os erros dos outros". Em geral creditada ao estadista alemão Otto von Bismarck (1815–1898),

NÃO CONFIE SEUS INVESTIMENTOS A QUALQUER UM

esta é daquelas máximas cuja autoria não pode ser oficialmente confirmada. O que importa para nós, porém, é que ela cabe perfeitamente para o que quero sugerir a você. Aprenda com os meus erros.

Pois não são só as aplicações da moda ou as pirâmides que oferecem riscos para quem desconhece os primeiros passos na hora de investir. Os próprios bancos podem representar um problema para quem quer um bom retorno, mas não sabe nada sobre o assunto. Este foi um equívoco que cometi, lá no início, com os meus investimentos. Trata-se de uma história que já comecei a contar, mas na qual vale a pena me aprofundar, pois me trouxe muitos ensinamentos e também pode ser útil para você.

Como disse na Introdução, durante oito anos de trabalho na televisão consegui economizar e chegar ao meu segundo milhão acumulado. Pode soar como algo perfeito, mas atualmente tenho consciência de que poderia ter conquistado muito mais. Em 2015, com a ajuda do meu irmão, o André, descobri que havia feito investimentos ruins por falta de conhecimento. Se tivesse informação, teria feito tudo diferente e aplicado minhas economias de outra maneira.

Com uma carreira de dez anos em bancos e no mercado financeiro, bastou André começar a olhar minhas aplicações para identificar uma porção de erros que eu estava cometendo. Ao tomar conhecimento de como eu havia investido, ele simplesmente não acreditou: mais de 80% de todo o meu dinheiro estava aplicado em previdência privada, isso em uma época em que as taxas de administração dessa modalidade eram bem maiores do que as atuais. Ou seja, era um mau negócio para mim naquele momento, considerando os planos que tinha.

Outro equívoco: tudo o que eu havia poupado durante aqueles anos estava em apenas uma cesta. Eu tinha colocado as minhas economias em um só lugar por acreditar que, quanto mais recursos tivesse naquela aplicação, melhor seria a minha rentabilidade. Não sabia que precisava diversificar minha carteira e, claro, não fui orientada sobre nada disso pelo meu gerente do banco. ==Você já errou investindo todo o seu dinheiro e colocando-o em um lugar só?==

Quer mais um erro? Também havia adquirido cartas de crédito de consórcios de um imóvel e de um carro. Essa, aliás, é uma "cilada" bastante comum em alguns "bancões". Eles lhe empurram produtos,

RUMO À RIQUEZA

como títulos de capitalização ou seguros de vida, que por vezes não são bons para você, mas são excelentes para eles baterem metas.

Em casos como esses, o cliente não sabe avaliar o produto, acredita que vai ganhar um prêmio, mas, na realidade, sai perdendo. Claro, sempre saliento que não são todos os gerentes ou profissionais que agem dessa maneira, mas existem muitas situações em que isso ocorre, infelizmente. Por isso, convém ter a atenção que eu não tive.

E tudo isso ocorreu comigo por quê? Pela minha falta de conhecimento. Foi o motivo que fez com que eu acreditasse que as orientações daquele gerente do meu banco eram as melhores alternativas para mim naquela época. Como disse, ele sempre se mostrou alguém atencioso e que esbanjava simpatia. Mas foi por ter pouca informação que me coloquei naquela situação. Quando fui alertada pelo meu irmão, eu não me perdoava por ter deixado minhas economias em opções tão ruins.

Se naquela época havia poucas informações disponíveis sobre o assunto, hoje não falta conteúdo. Atualmente, existem inúmeros cursos e canais sobre finanças, tanto no YouTube como no Instagram. Infelizmente foi preciso que eu passasse por essas "roubadas" para entender que precisava estudar e adquirir conhecimento para nunca mais sofrer com algo parecido. Muitas vezes, o "gerente bonzinho" bate as metas dele, mas seus investimentos pagam o preço, como ocorreu comigo. Pense nisso!

Mas assim como aquela experiência, que criou um verdadeiro trauma em mim, fez com que eu me transformasse, você também pode mudar. A qualquer momento, toda pessoa pode modificar o curso da sua história com o dinheiro se tiver empenho e buscar conhecimento. Acredite nisso. E saiba que eu acredito.

O LADO RUIM (E O BOM) DO MEDO

Por meio das minhas redes, percebo que muita gente tem a sensação de não saber em quem se pode confiar para conseguir as melhores opções de investimento. Muita gente fica com receio por escutar notícias sobre pirâmides, golpes, fraudes e muitas outras "armadilhas" que existem no mercado. Outras pessoas podem se sentir inseguras

"A QUALQUER MOMENTO, TODA PESSOA PODE MODIFICAR O CURSO DA SUA HISTÓRIA COM O DINHEIRO SE TIVER EMPENHO E BUSCAR CONHECIMENTO. ACREDITE NISSO."

@caroldias

RUMO À RIQUEZA

por ouvir o relato de alguém que perdeu dinheiro ou por terem algum colega ou vizinho que ficou sem nada. Portanto, não faltam ruídos.

Dessa maneira, o que acontece? O sujeito, que já carrega consigo algum receio, ao escutar, por exemplo, uma opinião favorável e outra desfavorável sobre determinado investimento, acaba ficando em dúvida. Ou, em outras ocasiões, a pessoa segue no "bancão", ouvindo o gerente e confiando apenas nele, como eu fiz durante anos. E se, em algum momento, ele percebe que suas aplicações não renderam como poderiam, isso reforça nele o descrédito na figura do gerente e do próprio banco.

Acredito que exista um lado positivo nesse medo, pois pode fazer com que mais pessoas passem à procurar informações, estudem e aprendam sobre investimentos e conceitos de educação financeira. O medo não pode ser maior do que a coragem, claro, mas é superimportante que o indivíduo realmente esteja atento. Sempre gosto de deixar clara a importância de que cada um saiba onde está colocando seu dinheiro, porque quem deve ser responsável por isso, pelos erros, acertos e escolhas, é a própria pessoa.

Todos precisamos estudar para não errar. É preciso investir com sabedoria. Portanto, o receio de muitos existe, porque há um monte de gente cometendo erros. Mas, se o indivíduo estuda com vontade e faz o bê-á-bá, ele consegue aprender e saberá como fazer. Obviamente, todo investimento deve ser conduzido aos poucos, sem querer passar dos limites, sem cometer loucuras.

Não dá para, por exemplo, alguém pegar empréstimo para investir, como já cheguei a ouvir que fizeram, uma vez que o que se paga ao tomar um empréstimo é geralmente mais alto do que o rendimento de qualquer investimento. Ou vender a sua casa para aplicar 300 mil reais em um só lugar, seja em uma empresa ou ação. Há quem pense que bolsa de valores é uma moda, uma onda, um jogo. Mas não é nada disso. É um investimento, logo, é necessário estudar. O ser humano precisa perder essa mania de querer ser imediatista e procurar resultados no curto prazo, pois, quando falamos de investimento, estamos falando de algo que exige esforço, dedicação e tempo. Só assim os resultados verdadeiros aparecerão.

NÃO CONFIE SEUS INVESTIMENTOS A QUALQUER UM
QUEM SÃO SEUS MENTORES FINANCEIROS?

Diante de tudo o que tratamos até aqui, uma coisa é certa: as pessoas acabam perdendo dinheiro, pois não conseguem decidir qual é o melhor caminho para investir. Além disso, também enfrentam a falta de um mentor para direcioná-las nesse assunto tão necessário. Como entender essa situação?

Em geral, atualmente, as pessoas não têm um direcionamento adequado das instituições. Há as corretoras nas quais os gerentes são autônomos e muitas vezes ganham para indicar algo a você que, na verdade, é bom para o resultado deles. Nos bancos, acontece muito de os gerentes agirem da mesma maneira. Sempre deixando claro que não estou generalizando. Não são todos os corretores e gerentes que atuam desse modo.

Por isso, insisto na importância de você saber gerenciar o seu dinheiro. É necessário desenvolver conhecimento para, ao receber uma opinião sobre onde colocar suas aplicações, compreender se isso será realmente bom ou não para você. Em razão de toda uma nova concorrência que vem chegando ao mercado, os bancos e corretoras estão melhorando nesse ponto. No entanto, você precisa saber como aplicar seu dinheiro e ter conteúdo. E estou aqui, e nos meus canais, para ajudá-lo nessa tarefa.

Não vejo o menor problema de as pessoas terem um mentor. Quando falamos de investimentos, no entanto, não estamos falando apenas de conhecer boas aplicações. É algo bem mais amplo. Por isso, você deve investir em você sempre que possível: faça bons cursos, busque orientações com bons profissionais, pesquise dados com educadores que estudam e que, de fato, estão ali para ajudar o brasileiro. Isso vai ajudar muito a sua jornada.

ISSO NÃO É UM JOGO

Há outro ponto que faz com que algumas pessoas errem na hora de aplicar. Muitos têm a ilusão de que vão entrar nesse oceano de investimentos, um ambiente muitas vezes agressivo, e, de uma hora para outra, estarão surfando uma enorme onda. Mesmo sem entender sobre o assunto. Vejo

RUMO À RIQUEZA

exemplos práticos disso. Há um monte de gente começando na bolsa de valores, o que acho ótimo. Mas é preciso iniciar com calma.

Quer uma dica valiosa? Observe com atenção: há grandes profissionais que estão nesse meio há dez ou vinte anos e investem com um enorme cuidado. Em contrapartida, no entanto, ainda vejo gente que insiste em entrar de cabeça, achando que é fácil mexer com ações. Que é algo como um cassino. Mas não é! É preciso se aprofundar. Não é uma moda, em que você coloca uma roupa diante do espelho e, se não ficar bom, diz "Ah, não gostei" e tira. Não! Ali é um ambiente de investimentos, no qual o estudo é fundamental para o sucesso e o desenvolvimento. Isso não ocorre somente com a Bolsa, mas com qualquer outro tipo de aplicação. Portanto, respire, avalie e nunca queira ser "malandro" quando o assunto for finanças.

Uma coisa que aprendi há tempos: você precisa controlar o dinheiro, e não ser controlado por ele. Saiba que seus recursos podem se tornar uma verdadeira armadilha se você não souber usá-los. E se você não souber administrar o seu dinheiro, ele vai comandar você. E isso é algo em que vejo muitas pessoas errarem.

Também costumo aconselhar: não antecipe os seus sonhos. Tenha calma, vá devagar; não dá para fazer tudo ao mesmo tempo. Tem gente que quer ter o carro do ano, fazer a melhor viagem, casar e gastar uma fortuna com a festa, ter a melhor casa. Mas, cuidado, isso é bastante arriscado. Não faltam histórias de pessoas que entraram em uma verdadeira bola de neve, algo que fez com que ficassem cheias de dívidas, e do qual não conseguem sair depois. É algo que tira o sono de muitos e que gera inúmeros problemas, tanto na vida pessoal quanto na profissional.

Portanto, calma, procure relaxar. Há uma vida toda pela frente, basta se organizar com as suas finanças. Por diversas vezes, o que falta é estratégia ou um plano tático. Em muitos casos, o erro está no planejamento, no básico. Pense em um curso de idioma, como o inglês. Deve-se iniciar no nível 1, depois passar para o 2, 3 etc. Não faz sentido a pessoa querer pular diretamente para o nível 5 sem conhecer o básico. Se não tiver a base, não saberá como lidar com o que é mais difícil. Com os investimentos, ocorre a mesma coisa. Por isso, tenha calma e comece devagar.

NÃO CONFIE SEUS INVESTIMENTOS A QUALQUER UM

DINHEIRO NA MÃO, RÁPIDO E FÁCIL...

Quando falamos de finanças, muitas vezes as pessoas erram por acreditarem em um conceito tão famoso quanto enganoso: "Ganhe dinheiro rápido e fácil". Isso é algo que não existe! É preciso estudar e trabalhar. De maneira séria e firme. Lógico, a bolsa de valores, entre outras aplicações, oferece uma maneira de você ter rendimentos, assim como os juros compostos, que fazem suas economias se multiplicarem. Mas isso não significa que você pode deixar de trabalhar.

Quando ouço esse negócio de "ganhar dinheiro rápido e fácil", chego a ficar revoltada. Como se fosse possível alguém inventar uma máquina de multiplicar dinheiro. Reflita comigo: o primeiro cara que criasse uma máquina assim, na qual a pessoa entra e sai milionária, já ficaria, ele mesmo, trilionário. Reforço, se fosse algo tão simples assim, todo mundo seria milionário.

E, embora não seja fácil, não são poucos os indivíduos que ainda parecem querer algo assim. Muita gente tem essa ideia equivocada. Não é à toa que vemos toda hora na TV, nos telejornais, uma infinidade de pessoas que acabam sendo vítimas de golpes e fraudes. Por quê? Porque muitas delas têm essa ilusão. Parecem desejar a riqueza a qualquer custo. Na ânsia de quererem ser milionárias, se deixam enganar. Não raro, entram em uma fria, começam a vender carro, casa, acreditando que vão ganhar o tal do dinheiro rápido e fácil. Muitas vezes, se acham espertas, mas o que acontece é isso: fazem a alegria dos golpistas.

Portanto, não existe caminho fácil para nada na vida. É preciso estudar muito. Assim como não existe caminho simples e fácil em nenhuma profissão, seja para se tornar médico, engenheiro, arquiteto, o que for. Para se conquistar qualquer coisa na vida, você vai ter que estudar e fazer sacrifícios. Não há ganho fácil, ao menos no que se refere a fazer as coisas com honestidade. Não existe isso. É nesse ponto que muitas pessoas erram feio.

INFORMAÇÃO LIBERTA

Insisto que a é o conhecimento e a informação são a vacina ou o antídoto para não se deixar enganar, elementos que chegam até cada pessoa por meio do estudo. Como afirma Hudson Bessa, professor universitário e especialista em fundos de investimento: "Só a educação financeira nos dá condições de perceber as informações, entendê-las, avaliá-las e tomar as melhores decisões, aquelas que conduzirão ao bem-estar de longo prazo".[20] Concordo com essas palavras em gênero, número e grau.

Aliás, vale acrescentar que, segundo a Organização para Cooperação e Desenvolvimento Econômico (OCDE), a educação financeira pode ser definida como:

> **Processo pelo qual consumidores/investidores financeiros aprimoram sua compreensão sobre produtos, conceitos e riscos financeiros e, por meio de informação, instrução e/ou aconselhamento objetivo, desenvolvem as habilidades e a confiança para se tornarem mais conscientes de riscos e oportunidades financeiras, a fazer escolhas informadas, a saber onde buscar ajuda, e a tomar outras medidas efetivas para melhorar seu bem-estar financeiro.[21]**

Trata-se, portanto, de um conceito de grande amplitude. Como explica Bessa, "na ausência desse tipo de conhecimento, muitas vezes não se distingue o que é informação do que é ruído, não se é capaz de decodificá-la, relacioná-la às demais, interpretar as relações de causa e feito, avaliar o contexto e tomar uma decisão consciente". O especialista ressalta ainda que o conceito de "bem-estar financeiro" não é um sinônimo para "ficar rico". Para ele, o que conta é ter um orçamento equilibrado e ser capaz de atingir os objetivos de curto, médio e longo prazos. O professor afirma ainda que:

> [...] Os efeitos da educação financeira não se restringem apenas à melhoria na vida daqueles que a adquiriram, eles se espraiam pela economia como um todo. Redução do endividamento e incremento da poupança doméstica são elementos que muito podem contribuir para redução das taxas de juros e alongamento de prazos essenciais para a elevação do investimento produtivo e crescimento da economia.

NÃO CONFIE SEUS INVESTIMENTOS A QUALQUER UM

Porém, o desafio, de acordo com Bessa, é que a educação financeira trata de educar financeiramente pessoas educadas. E, segundo ele, aí reside um dos maiores desafios brasileiros. Seremos um país com mais cidadãos cuidando melhor de seu dinheiro quando superarmos nossas mazelas educacionais. Há um longo e árduo trajeto a ser percorrido como nação. Por isso, todo empenho individual torna-se tão importante.

ABAIXO A PREGUIÇA

Aliás, costumo pensar comigo sobre pessoas que têm medo de investir pela falta das informações corretas para isso. O primeiro passo é justamente o seguinte: muita gente precisa parar de ser preguiçosa. As pessoas devem entender quanto um investimento vai fazer bem para o futuro delas e da família, para os sonhos e objetivos que têm.

Quem não quer fazer uma viagem legal com a família? Quem não quer dar um futuro melhor para os filhos, colocá-los para estudar em boas escolas? Quem não quer ter casa própria? Conquistar liberdade financeira? Uma boa aposentadoria? Ainda mais sabendo que, infelizmente, não podemos depender somente do Instituto Nacional de Seguro Social (INSS) no Brasil, uma vez que o retorno costuma ser baixo e incerto e existem outros investimentos com retorno maior.

Ou seja, sabemos que cada um precisa se preocupar com o próprio futuro. Uma coisa é certa, querida leitora e querido leitor, ninguém vai dar dinheiro a você. Assim, é preciso compreender os benefícios de investir. O medo de cada um nesse tema não pode ser maior do que os ganhos.

Um segundo ponto é que as pessoas não devem se deixar paralisar pelo medo, pelo que ouvem no mercado, ou saírem aplicando sem saber, como em um efeito manada. É necessário conhecimento. E é preciso começar devagar. Sugiro que as pessoas passem a buscar informação em bons canais. Atualmente, há muito conteúdo gratuito, logo, não há desculpa. E mesmo investir em conteúdos pagos é algo importante. Estudo é investimento, não é gasto. Isso faz parte da vida.

Se você não sabe fazer determinada coisa, você pode aprender. Tudo na vida é aprendizado. Por exemplo, eu não sei cozinhar, mas,

RUMO À RIQUEZA

se eu me propuser a dominar as panelas, vou atrás de conteúdo, de cursos ou de um professor, investirei nisso. Ninguém nasce sabendo as coisas. Um bebê não vem ao mundo já caminhando. Ele aprende a andar e a falar. Portanto, tudo bem você não saber alguma coisa. Mas é preciso ter consciência: "Eu não sei, mas quero aprender".

Com o estudo de finanças é assim. Não se trata de um tema fácil. Talvez por isso exista muita gente que não gosta do assunto. Porém, é algo necessário. É preciso, portanto, ter disciplina. Na vida, há muita coisa que a gente não gosta de fazer, mas precisamos ter essa determinação para aprender e executar.

Para traçar um paralelo, nos esportes ocorre algo parecido. O astro português Cristiano Ronaldo é famoso por ser um dos primeiros a chegar ao treino e o último a sair.[22] Trata-se de alguém determinado, e isso se materializa em conquistas na carreira dele. Essa é uma grande lição. Se a pessoa "não gosta de fazer", precisa compreender que há necessidade de investir pensando em seu futuro, pois isso é importante.

Meu recado, portanto, é: fuja de pensamentos e propostas imediatistas! Não existe dinheiro fácil. O caminho exige paciência, calma, agir com segurança. Você precisa se sentir confortável. Não dê passos maiores do que suas pernas. Assim, é preciso se organizar. Reserve um horário para seus estudos sobre finanças, separe uma hora do seu dia, é importante. Busque informações, procure saber o que os especialistas do ramo estão dizendo, comece a entender os termos, amplie seu conhecimento.

Quando falo sobre isso, há quem diga que às vezes eu sou até meio ríspida nas minhas colocações, seja no YouTube ou Instagram. Mas as pessoas precisam deixar de querer tudo na mão, já mastigado. É preciso dedicar tempo, se esforçar, ir atrás das informações, estudar. Somente assim você terá condições reais de voar e alcançar a riqueza. Sigamos voando juntos. O céu está bonito, temos bastante coisa para ver. Vire a página e vamos avançar em nossa jornada.

IMAGINE-SE EM UM FUTURO MELHOR E MAIS CONFORTÁVEL FINANCEIRAMENTE. SE VOCÊ SONHA COM ISSO, CHEGA DE PREGUIÇA E COMECE A INVESTIR AGORA.

@caroldias

E POR QUE NÃO COMEÇAR AGORA?

Fala

, meu amor! Espero que você esteja feliz com a leitura. Até aqui, já falamos sobre como, infelizmente, muitos brasileiros não investem por falta de capacitação, porque não conhecem os princípios básicos dos investimentos. Falta se informar sobre o assunto. Também já conversamos sobre como o dinheiro é um tabu nas famílias e como as escolas estão apenas começando a trabalhar o tema com as crianças e os jovens. Temos um longo caminho pela frente, uma estrada na qual eu sei que você vai caminhar com garra e segurança. Como tenho tanta certeza disso? Porque você não estaria lendo este livro e pensando nisso tudo agora se realmente não quisesse lidar com o dinheiro de um jeito melhor. Eu sei que você sabe que merece a riqueza.

Muitas pessoas não sabem como começar a investir, não têm os conhecimentos mínimos necessários para fazer a sua primeira aplicação. Também já abordamos o fato de que muitos desses indivíduos não se sentem seguros para investir, pois acreditam estar sendo enganados por alguns gerentes de banco ou não sabem em quem confiar. Agora vamos entender o que tudo isso acaba causando.

RUMO À RIQUEZA

Embora haja muita informação disponível na internet, nem todo mundo identifica com facilidade um direcionamento correto para começar a fazer o dinheiro render. Para mim, essa dificuldade está diretamente relacionada à falta de acesso à educação financeira, seja em casa, seja no ambiente escolar. E essa falta de acesso acarreta consequências no longo prazo que fazem toda a diferença na maneira como cada um gasta e guarda o seu dinheiro.

Penso que esta é a minha missão aqui: descomplicar esses assuntos para você. Meu objetivo é oferecer um aprendizado claro e simples para melhorar a sua relação com as finanças. E garanto: dicas boas não faltarão ao longo da leitura. Por exemplo, você já parou para observar as compras que faz por impulso? Muitas pessoas gastam uma boa quantia em itens como roupas, mas, depois, sequer utilizam aquilo que adquiriram. Faça um teste: dê uma volta pela sua casa, abra os armários da cozinha, do banheiro ou os guarda-roupas do quarto. Anote quantos objetos supérfluos você vê. Coloque na sua lista os itens repetidos, coisas que comprou porque achou que era uma boa pedida, mas que mal usou. Anote quanto cada compra dessas custou e depois faça a soma para ver quanto esse valor poderia render caso tivesse sido investido em uma aplicação.

Refletir sobre o que dá ou não para comprar, para nós mesmos ou para outra pessoa, ou seja, ter clareza em relação ao uso do dinheiro, é uma das bases da educação financeira. E é imprescindível que você entenda esse fundamento para que possamos avançar. Não adianta apenas ler este livro, folhear as páginas; você deve, principalmente, entender o que está sendo dito, estudar e praticar. Chega de preguiça e procrastinação. Acabou essa história de "amanhã eu começo a dieta e vou para a academia". Não, não e não! A hora é agora!

Vamos pensar que todo mundo inicia uma nova jornada, uma mudança de hábitos, a partir de um determinado ponto. Seja como for, temos que começar. Exatamente como na escola, em que partimos do básico e vamos avançando ano a ano. É a mesma coisa com os investimentos. Passo a passo, você vai entendendo cada vez mais. Não pense que tudo é difícil, impossível de entender. Eu também comecei do zero e aprendo um pouco mais a cada dia. Por que não pode se-

E POR QUE NÃO COMEÇAR AGORA?

assim com você também? Meu conselho é: vá devagar, respeite o seu ritmo, o seu jeito. Apenas comece, observe os resultados, vá se empolgando cada dia mais. Logo, investir vai virar uma meta de vida para você assim como virou para mim.

TUDO TEM UM COMEÇO

==Muitos me procuram dizendo que não investem, pois não têm dinheiro suficiente para isso. O que eu posso falar para as pessoas que dizem isso? Que tudo tem um começo e que não é preciso ter medo.== Assim, se você ainda sente que não está preparado e não tem o valor necessário para começar a investir, trago aqui o primeiro desafio: que tal economizar 25 reais por semana a partir de agora? Olhe as suas despesas e veja no que é possível poupar e, ao fazer isso, teremos um montante de 100 reais no fim do mês para investir.

É possível que você se pergunte se realmente vale a pena aplicar uma quantia mais baixa, mas posso afirmar com bastante propriedade que, a partir do momento que você visualizar o seu dinheiro trabalhando para você, crescendo e se multiplicando sem que você faça nada com ele, você começará a se interessar pelo assunto. Quando isso acontecer, essa atitude passará a ser uma meta, uma alegria, um propósito. Uma transformação de sonhos, sabe? É tudo uma questão de mudança de mentalidade.

Investir faz sentido porque é algo bom para o seu futuro, para seguir em direção a uma vida com mais liberdade. Pense que, com dinheiro aplicado e rendendo, trabalhando para você, é possível até, no longo prazo, realizar uma transição de carreira, por exemplo. Mesmo começando aos poucos, com disciplina e organização, de passinho em passinho, dá para pedir demissão quando você tiver um valor confortável, que o permita mudar de área de trabalho se você quiser. Ao investir e conseguir acumular uma boa quantia de dinheiro, você também tem a segurança de saber que, se adoecer, vai ter como se manter enquanto se cuida. Terá, ainda, a possibilidade de ajudar alguém próximo que precise do seu suporte em caso de dificuldade. Investir é ser livre, como falei há pouco. Coloque essa ideia na sua cabeça, na sua vida.

RUMO À RIQUEZA

Se você fizer tudo certinho, se focar o longo prazo, vai colher ótimos resultados. Vai realizar seus sonhos! Todos eles. Pense nisso.

E aí, como gosto de dizer, aquilo que era motivo de tensão, vira tesão. Você vai amar economizar dinheiro para investir, pode ter certeza. Não vai querer mais parar. Para começar, você deve procurar conteúdos que o ajudem a entender o mundo das finanças. Não desista. Leia, veja vídeos, se aprofunde no assunto.

Eu sei que pode parecer muito mais fácil ver um filme, assistir a uma série e passar todo o seu tempo livre fazendo atividades relaxantes e que não exijam muito trabalho mental, entretanto, é preciso dividir esse tempo com os estudos financeiros para que você possa se desenvolver no assunto e ter uma vida financeira mais próspera. Assim, a minha dica é: comece.

Hoje, a gente encontra investimentos a partir de 30 reais. Também é possível comprar ações de boas empresas na Bolsa com um valor baixo. O importante é ter um modo organizado de aplicar, uma estratégia de diversificação da carteira. Mais uma vez, é preciso dar o primeiro passo.

Para isso, organize os seus objetivos, as suas metas. Para que você vai investir hoje? Para o futuro? Para estudar fora daqui a um ano? Qual é o seu plano? Você já tem uma reserva de emergência, ou seja, já aplicou o equivalente a seis meses do seu orçamento para o caso de ficar sem trabalhar? Veremos isso com mais detalhes adiante, mas imagine alguém que começa a andar de skate ou patins e, portanto, deve usar capacete, cotoveleiras e joelheiras, a fim de não se machucar em uma eventual queda. Vale a mesma coisa quando falamos de finanças. Defina tudo isso, assuma o comando da sua vida. Ou você faz isso ou ficará à mercê das incertezas.

Tendo esse conhecimento, você se protege de cometer erros gigantes. Não vale a pena sair correndo riscos, por exemplo, se o seu estilo for mais conservador. Não adianta querer ser imediatista e passar por cima de quem você é. Não dá para investir em uma empresa hoje e querer ganhar dinheiro amanhã. Não é assim que as coisas funcionam, aprenda desde já.

A pergunta que eu mais ouço é: "Qual é o melhor investimento?". Digo que não existe uma resposta única. E que tudo depende do seu perfil, do seu objetivo com aquela aplicação, de quanto você vai aportar todos os meses. Se existisse uma fórmula pronta, seria tudo muito fácil e ninguém teria que estudar mais nada.

E POR QUE NÃO COMEÇAR AGORA?

Quem foca a ganância e o imediato se arrisca a perder dinheiro. Não acredite em fórmulas milagrosas, muito menos entre em pirâmides financeiras daquelas que prometem rentabilidades absurdas. Esses atalhos simplesmente não existem.

O que você precisa saber agora é que deve começar e que investir não é coisa de milionário. Todo mundo pode e deve economizar dinheiro para fazê-lo render.

Meu objetivo com este livro é que você termine a leitura e deixe de fazer parte da porcentagem dos brasileiros que, segundo a triste estatística que citei no Capítulo 1, não investem por não terem dinheiro suficiente ou por falta de conhecimento sobre o assunto.

Portanto, quero fazer um combinado com você agora, caro leitor: até o fim da leitura, quero que se comprometa a superar as limitações que citei anteriormente, caso tenha alguma delas. Você encara esse desafio junto comigo? Seja como for, saiba que confio em você. Como sempre digo: vamos voar!

NADA DE ESPERAR

Vejo muita gente errar também com a desculpa de que deve esperar para investir. Quer saber qual é o erro que as pessoas cometem ao esperar? Elas acabam gastando o dinheiro que deveria ser investido. Frequentemente, com as mais variadas atividades do dia a dia, é muito comum vermos pessoas que gastam mais do que planejaram. Se você tem uma meta de uma quantia que deve investir, não espere que algo surja para aplicar esse dinheiro. Faça agora mesmo e não corra riscos.

Ouço muita gente se lamentando por não ter começado antes. Anos antes, décadas antes. É claro que, quanto mais cedo, melhor, você já sabe. Mas nunca é tarde para começar, e o seu momento é agora. Essa história de "amanhã eu começo" não funciona. Tem que ter constância, disciplina e visão de longo prazo. Por isso, faça a sua parte: seja dedicado, curioso e disciplinado. Veja em quais das suas despesas pessoais você pode economizar para conseguir guardar dinheiro e

RUMO À RIQUEZA

investir. Não tem muito segredo: para poupar, ou você reduz os seus gastos ou arruma novas maneiras de ganhar dinheiro. Ou ambos.

E essa boa mentalidade em relação às finanças não tem nada a ver com classe social. Você pode vir de uma família com poucos recursos e ter toda a vontade de crescer, fazer dinheiro, prosperar. Ou ter nascido em berço de ouro, ganhar uma herança milionária e perder tudo. Isso, para mim, ficou muito claro após a leitura de *Os segredos da mente milionária*,[23] de T. Harv Eker, um livro que eu recomendo fortemente que você leia também. Não é à toa que a obra sempre está entre os mais vendidos livros de finanças do país.

Para o autor, o caráter, o pensamento e as crenças que todos trazemos da infância, das nossas famílias, nos ajudam a formar o nosso modelo de dinheiro, que, por sua vez, vai guiar o nosso potencial de fazer ou não sucesso. É uma espécie de capacidade interna que determina quem vai conseguir conquistar e, tão importante quanto, conservar boas quantidades de dinheiro.

Essa mentalidade está em tudo. É o nosso modelo de dinheiro. Quem tem a mente milionária não aceita perder dinheiro, segue sempre em frente. E você, o que está esperando? Até quando vai postergar o primeiro passo de investir? Vá atrás, faça acontecer, faça a sua parte.

FOCO NO LONGO PRAZO

Há quem diga, ainda, que não vale a pena pensar no longo prazo. Quem afirma isso não conhece o efeito dos juros compostos, que fazem o dinheiro render ao longo dos anos se bem aplicado. Existem ainda os que não acreditam pelo simples fato de não conseguirem aguardar um período mais longo de tempo para colher bons frutos de decisões tomadas no presente. Simplesmente não pensam no plantar hoje para colher amanhã. É o que eu falei sobre pensar na própria aposentadoria, por exemplo: não depender de ninguém quando o assunto é o seu futuro.

Investir é um hábito. Uma prática que se consolida ao longo do tempo. Pense que é, ou deveria ser, igual a escovar os dentes, tomar banho, cuidar da rotina dos filhos, fazer alguma atividade física.

"O QUE VOCÊ PRECISA SABER AGORA É QUE DEVE COMEÇAR E QUE INVESTIR NÃO É COISA DE MILIONÁRIO. TODO MUNDO PODE E DEVE ECONOMIZAR DINHEIRO PARA FAZÊ-LO RENDER."

@caroldias

RUMO À RIQUEZA

Para chegar lá, você precisa aprender a refletir sobre o dinheiro, sobre como usar os seus recursos da melhor maneira. E alguns questionamentos que você deve se fazer sempre são: Será que eu devo comprar aquela roupa? Por que quero fazer essa aquisição? Devo mesmo fazer uma reforma tão ampla na casa? Ou seria o caso de investir uma parte do dinheiro?

Veja o exemplo de um amigo meu. Ele gosta muito de carros e sempre quis ter um veículo de primeira linha. Era o sonho dele. O que ele fez então? Vendeu o carro que tinha havia cinco anos e investiu o dinheiro. Há pouco tempo, conseguiu comprar o modelo que desejava. E segue com as suas aplicações, pois pegou gosto. Virou um hábito na vida dele. Por isso falo tanto da importância de ser persistente, dia após dia, investindo o que você puder no momento. Faz toda diferença, garanto a você.

Mas não adianta achar que os efeitos são imediatos, assim como muitas pessoas fazem em relação à saúde: começam a malhar em novembro e querem exibir um corpo sarado no verão. Sabemos que não vai dar certo, que não é assim que funciona. Os resultados não são imediatos, eles são a construção diária de pequenos hábitos que fazem diferença no fim da jornada. Fazer exercício e aplicar dinheiro são atividades que exigem tempo, dedicação. Pode dar preguiça? Sim. Pode sentir desânimo? Sim, também. Por isso é tão importante ter objetivos bem definidos, metas. É isso que vai mantê-lo determinado a seguir.

Pense que a sua evolução em relação ao gerenciamento das suas finanças deve ser como a sua evolução na carreira, no seu trabalho. Como aquele indivíduo que começa a trabalhar em uma loja como caixa, depois passa a ser vendedor, gerente, sócio. Ou como o cantor, que primeiro se apresenta em pequenos bares à noite, depois cria uma banda e passa a fazer shows maiores, tendo sucesso na sua cidade, no seu estado, na sua região e, por fim, em todo o país. Os educadores financeiros que hoje são conhecidos nas redes sociais também começaram assim, estudando, se aprimorando a cada dia até chamarem atenção do público, sendo considerados especialistas. Viraram autoridade em suas áreas. Mas isso leva tempo.

Em todas essas situações, as pessoas foram subindo degrau por degrau, sem imediatismo. Por esse motivo, estabeleça as suas metas, tenha objetivos de curto, médio e longo prazo. Com organização, você

E POR QUE NÃO COMEÇAR AGORA?

pode fazer tudo com calma, sem afobação, sem sufoco. É preciso ser paciente, insistir mesmo. Cuidar da sua vida financeira é como educar um filho, um trabalho que se constrói no dia a dia.

Pense no seu futuro, naquilo que você quer para si, nos seus sonhos. Tem coisa melhor? Você quer ser uma pessoa realizada, que vive com felicidade, conforto e segurança? Ou quer ficar na mediocridade, na instabilidade, sempre se vitimizando e lutando para sobreviver em vez de viver plenamente? Pense nisso! A decisão para mudar as suas concepções começou no início desta leitura. Você está no caminho certo!

O PODER DA IMAGINAÇÃO

Nesse ponto, nessa fase de convidar as pessoas a começarem a se organizar financeiramente e a investir, gosto de colocar na cabeça dos meus seguidores o que chamo de "poder da imaginação". A alegria de sonhar com tudo o que a disciplina financeira de hoje pode proporcionar amanhã. Mas não estou falando de imaginar simplesmente por imaginar, mas, sim, de um exercício de visualização. A ideia é criar novos pensamentos, a fim de que isso gere novos sentimentos. Por sua vez, o resultado é o desenvolvimento de novos comportamentos, o que deve acarretar novos hábitos.

Então vamos lá: imagine-se fazendo aquela viagem gostosa, matriculando o seu filho em uma boa faculdade, morando na casa dos seus sonhos. Quais sentimentos esses pensamentos lhe trazem? É muito bom se imaginar fazendo exatamente aquilo que você quer fazer, deixando de se submeter sempre para fazer somente o que os outros querem. Reconheça o seu próprio valor e lembre-se das minhas palavras sobre plantar e colher. Se você planta banana, não tem como colher abacaxi, né? Portanto, reflita, quais comportamentos você precisaria alterar para chegar mais próximo daquilo que deseja? Separar uma parte do que ganha e começar a aplicar seus recursos? Deixar de comprar por impulso e reavaliar a sua rotina de consumo? Comece hoje a semear uma boa relação com os investimentos a fim de desenvolver melhores hábitos. E isso, mais uma vez, sem vergonha de valorizar aquilo que foi fruto do seu trabalho, do seu merecimento.

RUMO À RIQUEZA

A VIDA QUE VOCÊ MERECE VIVER

Comece do zero, do básico, pesquise, pergunte, aprenda. Vá construindo a sua história. Pense antes de comprar, estabeleça as suas metas para este ano, para daqui a cinco anos, para daqui a vinte anos. No meio disso tudo, veja-se vivendo a vida maravilhosa que você merece viver.

Mas faça disso, antes de qualquer coisa, um prazer. Como escrevi algumas páginas atrás, transforme toda a sua tensão no mais puro tesão. Encare esse desafio com alegria, garra, vontade de avançar, de ser melhor do que você é hoje. Estou errada ou é esse movimento que faz tudo valer a pena?

O seu medo de investir não pode ser maior do que a sua coragem de viver uma vida melhor. Esteja aberto de verdade a isso, a todas as possibilidades que o dinheiro oferece. Garanto que esse não é um caminho chato, pesado, desagradável. Você vai se sentir muito bem tendo uma relação melhor, mais equilibrada e mais leve com o dinheiro. Conte comigo nessa jornada. Para mim, já está sendo um prazer. Vamos em frente, afinal, tudo o que quero é que decida investir em seu futuro e em si mesmo. A ideia era essa, dar um chacoalhão em você. Acredite, quero o seu bem. Sempre! Um beijo, espero você nas próximas páginas.

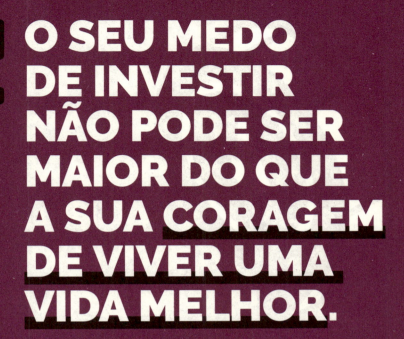

O SEU MEDO DE INVESTIR NÃO PODE SER MAIOR DO QUE A SUA CORAGEM DE VIVER UMA VIDA MELHOR.

@caroldias

CHEGOU A HORA! DECIDA INVESTIR EM SEU FUTURO E EM VOCÊ

Falamos

de tanta coisa até aqui, meu amor, mas, ao mesmo tempo, acredite, temos ainda muito para ver. Então, fique comigo e, garanto, você não vai se arrepender. Aliás, me acompanhe e já sabe: vamos voar!

Algumas páginas atrás, tratamos dos efeitos colaterais da falta de educação financeira mais elementar. As pessoas simplesmente não investem. E isso ocorre por algumas razões. Vamos recordá-las? Vem comigo.

Primeiro, por falta de capacitação, ou seja, por não conhecerem os princípios básicos dos investimentos, algo que ocorre apesar de existirem cada vez mais informações disponíveis na mídia ou nas onipresentes redes sociais. São dados que chegam até nós por meio das mais variadas fontes de informação, porém, são conteúdos aos quais a maioria não sabe dar o direcionamento correto para que possa aplicar no dia a dia.

Outro ponto é que muitos indivíduos não investem por acharem que não têm dinheiro suficiente para isso. Mas, como vimos, é possível começar com pouco. Se você esperar uma grande quantia para começar a aplicar, é possível que gaste esse dinheiro com outras despesas e acabe postergando mais os investimentos. Sabe aquela dica que nos diz para

RUMO À RIQUEZA

irmos devagar e sempre? Pois é, nesse caso, estamos falando exatamente disso. Um passinho de cada vez. Mas, para sair do lugar, é preciso fazer o primeiro movimento.

Por fim, vimos também que muita gente não aplica seus recursos, pois acredita que os resultados demoram para chegar e não valem a pena. Outro equívoco. Investimentos devem ser uma prática construída diariamente, a partir de nossos hábitos, pensando no curto, médio e longo prazo. Da mesma maneira que tomar banho e escovar os dentes são atividades habituais, realizadas todos os dias, investir deveria seguir o mesmo princípio. Pense que, assim como a escovação diária mantém seus dentes bonitos e saudáveis, a prática de investir regularmente fortalece sua liberdade e proporciona um futuro melhor para você e para quem você ama. Quer argumento melhor?

No entanto, claro, nem sempre esperar pelos resultados é algo fácil e confortável. Mas, espere aí! Quem disse que as coisas têm que ser "para agora"?! O ato de esperar me lembra a história de um amigo que sempre diz a mesma coisa para o filho, atualmente com 6 anos: "Você tem que saber esperar. As coisas não acontecem no tempo que a gente quer, mas quando têm que acontecer...". É isso! Assim como os pequenos precisam ser orientados desde sempre para evitar pensamentos imediatistas e toda a ansiedade que isso traz, quando o assunto é investir, precisamos nos conscientizar de que o tempo deve ser respeitado. Ninguém planta a semente hoje e já colhe amanhã. O tempo é rei, portanto.

"Ai, Carol, entendo tudo o que você trouxe até agora, mas não sei por onde eu começo."

Quase posso ouvir você dizendo isso agora. E eu estou aqui para ajudá-lo. O primeiro passo prático para se tornar um investidor é criar a chamada "reserva de emergência", sobre a qual já começamos a falar algumas páginas atrás. Acredite, trata-se de algo muito importante. Muito mesmo, viu?! Portanto, explicarei a seguir como você pode acumular a sua reserva de emergência e qual é o passo a passo para fazer isso.

CHEGOU A HORA! DECIDA INVESTIR EM SEU FUTURO E EM VOCÊ
QUANTO RESERVAR?

Se criar a reserva é seu primeiro movimento rumo à riqueza, de quanto dinheiro estamos falando? Está aí um ponto importante: é consenso que uma boa reserva deve ter, no mínimo, o equivalente a três a seis meses dos seus gastos mensais caso esteja empregado pelo regime CLT. Caso você seja autônomo, ou seja, não trabalha com registro e carteira assinada, sua reserva deve ter, em média, de seis a dez meses dos seus gastos. Essa diferença se explica porque um profissional em regime CLT, caso seja demitido, tem direitos e receberá uma quantia de rescisão, FGTS etc. Já o autônomo não tem nada disso.

==Mas vamos a uma pergunta: você sabe quanto gasta, em média, por mês? Está vendo por que é fundamental que você anote todos os seus gastos? Como saber quanto precisará na reserva se você não faz a mínima ideia de quanto gasta por mês? Impossível! Quanto mais conhecer seus hábitos de consumo, para onde estão indo os seus recursos, mais fácil será para proteger seu dinheiro, assegurar seu futuro, criar a sua independência. Tudo começa com o conhecimento. Sempre.==

Muita gente pode pensar: *Mas eu gasto 3.500 reais por mês e só me sobram 150 reais do meu salário, então, montar essa reserva significa que eu tenho que destinar valores pelos próximos vinte anos e que não posso investir nada em ações, por exemplo?* Não! Quando falo em reserva de emergência, quero dizer que você tem que se preocupar em ter uma proteção. Imagine aquele equilibrista que faz um número em que aparece andando sobre um cabo fino muitos metros acima do solo. Pois então, a reserva é a rede de proteção que está lá para o caso de alguma coisa sair errado durante a apresentação.

Logo, se, em um determinado mês, você notar que é possível separar 150 reais e quiser aplicar 100 reais em ações e colocar 50 reais na reserva de emergência, não há problema. Mas, claro, desde que você esteja com os dois pés no chão, tenha sua situação financeira sob controle. É até importante para que você conheça as aplicações.

Mas o que não deve ser feito, em hipótese alguma, é querer mergulhar de uma vez em ações de alto risco, por exemplo, sem antes ter criado sua reserva de emergência. Isso não pode. É como um equilibrista sem rede de proteção decidir sapatear em cima do cabo suspenso. Não tem como dar certo, porque o investimento em ações pode variar muito de um dia para o outro, inclusive com perdas grandes mesmo em empresas tradicionais e sólidas. Ter uma reserva de emergência ajuda a manter o sangue frio para a hora em que elas voltarem a subir.

Bato nessa tecla por uma razão muito simples. Um número grande de brasileiros se dá mal, em diversas ocasiões, por não se preocupar em montar uma reserva de emergência. A pessoa quer ganhar rentabilidade, mas, na mente dela, só existem algumas questões: "Qual é o melhor investimento? Quanto vai me render se eu aplicar nisso ou naquilo?". Entretanto, o que acontece depois é que essa pessoa percebe que não conseguiu rendimentos tão interessantes, mas principalmente não se preocupou com algo prioritário: se proteger.

É nesse ponto que muita gente erra: na ausência de proteção, na falta de diversificar sua carteira de aplicações. Trata-se do equívoco mais comum, o que mais vejo por aí. Qual é a consequência? Muitos ficam sem o dinheiro para a reserva de emergência e começam a se embananar, ficando à mercê das dívidas. E o brasileiro está muito endividado. Quer ver? Enquanto digito estas linhas, o número mais recente divulgado pela Confederação Nacional do Comércio de Bens, Serviços e Turismo (CNC) aponta que 24,8% das famílias do país tinham dívidas ou contas em atraso em janeiro de 2021,[24] o que certamente indica problemas financeiros. Já o índice de famílias inadimplentes, ou seja, daquelas que declararam não ter condições de pagar as dívidas ou contas atrasadas, chegou a 10,9% no mesmo período.[25] Tenho certeza de que você não quer fazer parte dessa estatística. Portanto, ouça o meu conselho de amiga: não caia nessa! Se proteja e crie sua reserva de emergência.

IMPORTANTE: MUDE SEUS PENSAMENTOS!

Por meio das minhas redes, muitas pessoas costumam perguntar: "Carol, eu quero investir, mas não faço ideia de qual deve ser o primeiro passo. Como faço?". O que respondo há anos é o seguinte: a primeira decisão para qualquer pessoa começar a investir é a de mudar a sua mentalidade.

NINGUÉM PLANTA A SEMENTE HOJE E JÁ COLHE AMANHÃ. O TEMPO É REI, PORTANTO.

@caroldias

RUMO À RIQUEZA

E como você pode fazer isso? Bem, você deve olhar para trás e ver no que errou. Exatamente, como se estivesse em uma estrada, que seria a sua vida, e observasse o que ficou para trás por meio de um espelho retrovisor. Olhe para tudo aquilo que ficou no passado e imagine a pessoa que era. Em seguida, reflita sobre as questões abaixo:

» **O que você poderia ter melhorado ao longo da sua trajetória?**
_____
_____
_____

» **O que você aprendeu pelo caminho?**
_____
_____
_____

» **O que você quer começar a fazer a partir de agora?**
_____
_____
_____

Digo tudo isso para você como um alerta. Para que não chegue lá na frente e fale algo como: "Poxa, eu deveria ter começado antes, né?". Sei que muita gente comete tal erro e não quero que ocorra com você. Portanto, o primeiro passo para evitar algo assim deve ser olhar para o caminho percorrido, refletir e avaliar, afirmando: "Eu não quero mais passar por tais situações".

Exatamente como ocorreu comigo naquele episódio que contei na Introdução deste livro, quando eu estava em um ponto de ônibus, debaixo de um temporal, e minha sacola estourou. Ali, me sentindo humilhada, lembro que disse para mim mesma: "Não quero mais isso. Vou ganhar dinheiro e mudar de vida!".

Portanto, quero fazer mais algumas perguntas, que, na verdade, trazem pequenas provocações (sempre, claro, pensando no seu bem):

> Até quando você terá medo de começar a investir?
> Até quando você vai deixar de pensar na sua aposentadoria? No seu próprio futuro?

CHEGOU A HORA! DECIDA INVESTIR EM SEU FUTURO E EM VOCÊ

> **Até quando você não terá coragem de começar a estudar para investir?**

Ao olhar para esse espelho retrovisor que mencionei, pense em todos os momentos da sua vida em que você precisou ter coragem e ela surgiu. Relembre também daquele dia em que você ficou realmente feliz porque realizou um sonho. O que a imagem que você vê nesse retrovisor traz para você? Agora, reflita: o que o impede de seguir em frente?

Esse exercício o convida a olhar para sua história e avaliar: "O que eu tenho que melhorar?". E tudo isso para que você perceba em quais pontos está deixando a desejar e quais são os pontos que precisa melhorar a partir de agora para seguir em frente, em direção a um futuro próspero financeiramente. Mas já adianto algo fundamental: para começar a investir, você deve economizar. Sabe aqueles 100 reais que você acha que não servem para nada no fim do mês? Ou então aquele valor extra que você gasta ao comer fora em dias de semana, por exemplo? Pois saiba: esse valor é imprescindível para aqueles que querem economizar para investir. E é muito!

Acredite em mim quando digo que quero ajudá-lo. ==Minha intenção não é fazer com que você deixe de se divertir ou deixe de viver a vida, mas, sim, mostrar que a economia começa com pequenas atitudes e que todo valor investido é importante.== Assim, no Capítulo 3, eu o desafiei a investir 100 reais por mês e gostaria de reforçar aqui este compromisso. Você vai desistir ou vai seguir conosco? Caso a sua situação financeira seja melhor e permita, meu desafio é que você invista 200 reais, 300 reais, 500 reais e assim por diante, conforme conseguir economizar, e separar esse dinheiro para prosperar no futuro. Sempre digo aos meus alunos e repito para você agora: "Quero voar! Mas também quero que você voe. Você é muito capaz, vamos voar juntos! Aliás: voa, Brasil!".

Muitas vezes, as pessoas me escrevem para pedir orientações ou simplesmente para falar como meus vídeos têm as ajudado a se organizarem financeiramente ou a mudar a maneira de pensar. Algumas dessas mensagens me deixam muito feliz e realizada. Lembro-me de um menino que escreveu, dizendo: "Carol, após vê-la falando, decidi investir primeiro em conhecimento. Em cursos, livros e tudo aquilo que puder para me sentir mais seguro para investir meu dinheiro mais adiante". Achei maravilhoso.

RUMO À RIQUEZA

Veja, ele pegou a primeira quantia que recebeu e está investindo na autoconfiança por meio do conhecimento. É uma excelente maneira de investir. Por isso, quando falo em investir, não estou falando apenas de dinheiro investido em rendas que geram juros compostos. Conhecimento é algo que ninguém tira da gente. Ele preferiu começar dessa forma, e eu o apoiei, pois isso fará com que sua jornada de investimentos seja mais assertiva.

Sobre isso, ==a única ressalva que faço é que é preciso praticar o que se estuda. Não adianta ficar dez anos fazendo cursos e lendo todos os livros sobre o assunto para somente depois investir. É preciso associar a teoria à prática, ou seja, estudar e entrar em ação.== Exercitar o que aprendeu é fundamental, pois é esse exercício que faz com que hábitos sejam criados e com que você desenvolva consistência. Mas é claro que, com essa prática, vêm também os erros, que são necessários para que você entenda onde errou e busque novos caminhos para acertar cada vez mais. ==Erros e acertos são importantes, pois são eles que geram resiliência e persistência, dois dos principais elementos para quem deseja ficar rico.==

Agora, faça um exercício mental comigo. Estamos muito acostumados ao padrão de consumismo que a sociedade prega. Roupas, celulares caros, eletrônicos, sapatos, bolsas e mais uma infinidade de produtos que está disponível para compra on-line e presencialmente. Entretanto, gostaria que, a partir de agora, você fizesse uma reflexão do que é realmente importante adquirir, sempre pensando no dinheiro que você deve guardar para o seu futuro. As compras materiais são importantes, mas elas não podem funcionar como um preenchimento de um vazio interno. Quem não conhece alguém que, em um momento de fragilidade emocional, como o fim de um relacionamento, por exemplo, acabou gastando mais do que precisava com roupas, baladas, viagem etc. Tal "válvula de escape", no entanto, não pode se tornar o padrão em sua vida.

Assim, gostaria de pedir que reflita sobre isso para checar o que é realmente importante em sua vida. Será que devemos mesmo nos submeter a esses vícios do consumismo? Será que não seria melhor investir em cursos de desenvolvimento pessoal, por exemplo? Ou então procurar ler livros que nos ajudem a ter mais autoconfiança e aprender a investir o nosso dinheiro? Todas essas atitudes nos levam a um objetivo maior, que fará toda a diferença em nosso futuro. Pense nisso!

CHEGOU A HORA! DECIDA INVESTIR EM SEU FUTURO E EM VOCÊ

Portanto, algumas páginas atrás, eu fiz uma provocação e reforço ela aqui perguntando: até quando você terá medo de começar a investir? Todo mundo tem medo. É a coisa mais natural do mundo. Temos medo de correr riscos, por exemplo, e isso faz parte do nosso dia a dia se quisermos buscar algo novo ou mudar, não é mesmo? E mudanças são necessárias. Ou você muda de verdade e afirma: "Quero buscar uma vida melhor, uma situação financeira com mais prosperidade", ou a própria vida vai empurrá-lo para isso em algum momento. A verdade é dolorida, mas é necessária.

Ficar sem dinheiro é algo muito ruim. Em uma condição como essa, perdemos noites de sono, nos desequilibramos. Portanto, vamos recapitular: em primeiro lugar, você deve começar a anotar seus gastos, verificando em que pode economizar, pois garanto que sempre há espaço para isso. Vale lembrar que já ouvi diversas pessoas falando que fazem isso, que buscam poupar, mas que, no fim do mês, não sobra nada. E aí?

Chegou o momento de você se conscientizar da sua situação, sentar-se consigo mesmo e falar: "Eu preciso mudar, passar a economizar, anotar meus gastos, começar a entender como funcionam os investimentos e qual é o caminho para construir um futuro próspero". Você deve refletir sobre o que vai ser bom para o seu futuro. O que você está buscando? Independência financeira? Conforto após a aposentadoria? Uma renda extra no longo prazo? Todas essas reflexões fazem parte do primeiro passo em direção ao seu destino financeiro positivo. Mas também, neste momento, olhe para trás e reflita sobre os aprendizados para que você não cometa os mesmos erros. E então deixe o passado para trás. Quem vive de passado sufoca o presente, concorda comigo? E mais: quem faz isso não consegue visualizar o futuro.

Portanto, não deixe que nada o prenda agora, que nada o impeça de começar. É hora de estudar, acompanhar quem agregará conteúdo a você, correr riscos e compreender que eles são necessários para que você construa o que sempre sonhou: a liberdade financeira.

Não é gostoso você se imaginar no futuro tendo tempo suficiente, liberdade para escolher, para viajar para bons lugares? Então! Não espere mais para dar o primeiro passo, inicie sua caminhada, não tenha medo e comece agora. Avante, vá, estude, não tenha preguiça, não procrastine! Estou junto com você.

RUMO À RIQUEZA
LÁ PARA A FRENTE

Quando vejo aqueles que já deram o primeiro passo e estão começando a investir, costumo aconselhá-los a olharem lá para a frente. Eles devem pensar nas pessoas que deram certo. Como uma forma de inspiração. Como estão tais pessoas? Muitas vezes com saúde, sorrindo com seus familiares, com os filhos. Ou estão vendo os filhos se formarem em boas escolas ou boas faculdades. Sei que existem outras maneiras de acumular riqueza, mas deixo aqui uma frase que escutei sobre a importância dos investimentos para o nosso futuro: "Você não precisa ser rico para investir, mas o contrário é verdadeiro. Você precisa investir para ser rico".[26]

Tornar-se rico para só então investir é uma ilusão, mais um mito em que muitas pessoas acreditam, mas que, no fundo, é utilizado por quem tem preguiça e quer dar uma desculpa. Os investimentos são parte do plano para quem quer conforto, liberdade e até mesmo saúde. Investindo nesse objetivo, você pode ter um bom plano de saúde quando for idoso. Sabemos que o serviço público de saúde é fundamental para todos e que, se não existisse, não teríamos serviços essenciais que são disponibilizados a partir dele, principalmente para aqueles que não têm condições de pagar por um plano de saúde. Entretanto, sabemos das dificuldades que ainda existem para conseguir alguns serviços por esse sistema, não é mesmo? Pense na sua família, nos seus filhos não estudando em boas escolas. O que isso pode trazer para eles? O conforto e a liberdade que os investimentos podem trazer no longo prazo começam com pequenas atitudes no presente.

Com isso em mente, inove, recomece e faça acontecer! Quando fizer as escolhas certas, tudo começará a mudar. Não deixe que o medo o domine, não deixe para amanhã as atitudes que pode tomar hoje. Seja e pense grande! Siga em direção ao indivíduo incrível que você nasceu para ser. E lembre-se: é preciso se desafiar diariamente para evoluir. Não perca isso de vista. E, agora, nosso presente fica aqui, nesta página, pois o futuro está no próximo capítulo. Espero você lá, meu amor.

NÃO DEIXE QUE O MEDO O DOMINE, NÃO DEIXE PARA AMANHÃ AS ATITUDES QUE PODE TOMAR HOJE. SEJA E PENSE GRANDE!

@caroldias

É HORA DE VIRAR A CHAVE DA SUA MENTALIDADE

Fala

, meu amor! Está preparado para seguirmos pelos caminhos que vão levá-lo à fortuna? Tenho certeza de que sim. Até aqui, entre outros assuntos, dividi contigo minha história de vida, e falamos dos desafios da falta de conhecimento para investir ou de como o tema dinheiro é um verdadeiro tabu para muitas pessoas. Chegou a hora de avançarmos. A partir de agora, quero compartilhar contigo alguns passos rápidos e definitivos para que você também possa criar a sua riqueza.

Com muita frequência, me perguntam: "Carol, quais orientações você dá para que as pessoas mudem sua mentalidade em relação ao dinheiro?". Então, vamos lá, vou falar algumas coisas que eu aprendi ao longo da minha trajetória e que faço diariamente para vigiar meus pensamentos. Gosto de citar minha xará, a psicóloga norte-americana Carol S. Dweck, autora do best-seller *Mindset – A nova psicologia do sucesso*.[27] Na obra, a psicóloga apresenta o conceito de *mindset* (mentalidade ou atitude mental) com base em décadas de estudos. Segundo ela, os indivíduos manifestam dois tipos de *mindset*: a mentalidade fixa e a mentalidade de crescimento. Adaptando tais conceitos, costumo diferenciar como mentalidade de prosperidade ou de limitação nas pessoas.

RUMO À RIQUEZA

Tenho certeza de que, conforme avançarmos nos exemplos, você vai pensar: *Ah, conheço alguém que é exatamente assim*. O primeiro ponto que define essas pessoas com uma mentalidade limitada é estar sempre arrumando desculpas para os problemas.

Popularmente, é o famoso caso de uma pessoa que quer "tapar o sol com a peneira" ou "varrer os problemas para debaixo do tapete". Quem me acompanha pelas redes sociais sabe o que costumo dizer sobre isso: simplesmente não dá para colocar os boletos embaixo do colchão e fingir que tudo está resolvido. Eles não vão desaparecer dali. De algum modo, o problema vai encontrar você. E garanto: tudo só vai piorar com uma atitude assim.

Mas o que faz, então, alguém com mentalidade de prosperidade? Pensa em soluções, encara os problemas, não varre nada para debaixo do tapete nem tenta esconder de si mesmo o que está acontecendo. Trata-se de alguém que conhece muito bem estratégias e ferramentas. Está sempre preparado para o que pode dar errado. Essa pessoa saberá como agir ou até mesmo terá conhecimento para improvisar algo; portanto, posso afirmar que uma das maneiras de evitar pensamentos negativos é sempre enxergar com clareza o que está acontecendo e buscar soluções para isso. E não ficar somente pensando no problema e se martirizando, sem tentar achar uma solução. Esta é uma diferença enorme entre a mentalidade de prosperidade e a de limitação.

Se alguém com mentalidade de prosperidade cai, busca se levantar, o que demonstra resiliência. São indivíduos que não vão deixar um projeto simplesmente afundar sem lutar por ele. Já uma pessoa com mentalidade de limitação é capaz de desistir ao se deparar com o primeiro obstáculo. Por quê? Para muita gente é muito fácil desistir. E parece que essas pessoas não têm o verbo persistir em seus dicionários. Mas os resultados são frutos da insistência. Não há como ser diferente. No entanto, não falta quem queira colhê-los, mas joga a toalha diante do primeiro obstáculo que surge no horizonte. Percebe a diferença?

É HORA DE VIRAR A CHAVE DA SUA MENTALIDADE

XÔ, PESSIMISMO!

Fiz essa breve introdução para que você possa notar as diferenças, ao mesmo tempo sutis e radicais, entre cada tipo de mentalidade. Vou dar o exemplo do que faço para vigiar meus pensamentos. Em primeiro lugar, ao acordar pela manhã, já organizo totalmente o meu dia, para ter uma rotina produtiva em vez de ocupada. Quem tem mentalidade de limitação muitas vezes afirma estar ocupado, mas se perde no planejamento. São pessoas que querem fazer tudo de uma vez, porém nunca conseguem realizar algo bem-feito, muitas vezes pela falta de organização.

Pior ainda, quando alguém com mentalidade de limitação percebe que algo não saiu conforme havia programado, o que ele pensa? *Putz, deu tudo errado!* Ou seja, é uma pessoa que nunca tem soluções e que age de maneira oposta a quem tem um pensamento de prosperidade, que busca ter alternativas. Quem tem essa mentalidade expansiva costuma dizer: "Quero soluções, e não problemas". Esse é um ponto muito importante.

Outro fator que ressalto é que busco sempre vigiar meus pensamentos, no dia a dia, para manter uma visualização positiva diante das situações. Trata-se de algo que funciona muito comigo: procurar mentalizar que as coisas vão dar certo. Obviamente, é preciso visualizar, mas também fazer a nossa parte. No entanto, se você entra em um projeto já pensando: *E se der errado?!*, isso é péssimo para você. Ao iniciar qualquer propósito, é importante pensar que aquilo vai prosperar, que vai dar certo.

==Alguém de mentalidade verdadeiramente próspera nunca vai começar um projeto pensando que aquilo vai dar errado.== Muito pelo contrário, vai entrar em um novo negócio empolgado, motivado, imaginando que tudo vai dar certo. Pode até ser que não dê, mas ele nunca vai se guiar pelo pessimismo. Aliás, um parêntese: nunca vi um pessimista que fosse rico, viu? Claro, devemos em muitos momentos ser realistas. No entanto, nunca vi pessimistas e preguiçosos chegarem à riqueza.

==Pessoas com mentalidade de prosperidade costumam buscar informação de qualidade, hábito que falta aos indivíduos com mentalidade de limitação.== Os primeiros estão sempre procurando conteúdos de valor, algo que possa agregar conhecimento. Também buscam se inspirar em modelos que outras pessoas bem-sucedidas representam. Sempre querem entender quem são os indivíduos de sucesso, o que eles fazem, como é o dia a dia de alguém assim. A melhor maneira de ser alguém bem-sucedido é observar como essas pessoas atuam no cotidiano. O que fazem, quais atitudes tomam, como se posicionam etc.

A CULPA É DO OUTRO

Agora, reflita: ao olhar para uma pessoa de sucesso e riqueza, o que vemos? Ela costuma ter uma rotina estável; está sempre preocupada em ser líder de si mesma; não responsabiliza os outros, colocando a culpa em coisas externas. Portanto, trata-se de alguém que sabe olhar para si e admitir: "Eu errei, dá para melhorar".

Em contrapartida, indivíduos de mentalidade de limitação, com bastante frequência, estão culpando os outros. Os motivos para suas mazelas são sempre do "outro". É culpa do governo; do salário baixo; da empresa, que não lhe dá valor etc. Com tudo isso, os pensamentos negativos se acumulam e, claro, se refletem em ações também negativas. Daí eu pergunto a você: quais resultados isso pode trazer? Pois é.

Além de tudo isso, há mais um ponto que gosto de frisar sobre as diferenças entre os dois estilos de mentalidade. Aquele que tem pensamento de prosperidade estabelece metas. Portanto, ao lançar um novo projeto, objetivos são estabelecidos e muito bem estipulados. Já quem tem uma mentalidade de limitação não age assim. Trata-se daquele sujeito que vai fazendo as coisas, mas sem ter uma meta estabelecida.

E, convenhamos, quando você não define uma meta, ou seja, quando você está em um caminho em que decidiu o que quer fazer, mas não traça bem seus objetivos, fica muito difícil estruturar um projeto que vá dar certo. E posso dizer até mais: quem não sabe onde está não saberá para onde vai. Estar no caminho certo e saber exatamente para onde vai faz parte dos hábitos da parcela de pessoas que têm essa mentalidade mais expansiva.

É HORA DE VIRAR A CHAVE DA SUA MENTALIDADE

QUEM É VOCÊ?

Costumo dizer que a pessoa precisa ter alguns pontos muito bem definidos na cabeça para prosperar. O primeiro deles é saber realmente quem ela é. Ou seja, apostar no autoconhecimento. Eu resumiria em algumas questões-chave:

» **Quais são seus principais talentos, habilidades e virtudes?**
___
___
___

» **Quais atividades você faz bem, ou seja, pelo que as pessoas o reconhecem, pois você domina o assunto?**
___
___
___

» **Quais são as suas fraquezas e os seus defeitos principais no que se refere à relação que tem com o dinheiro?**
___
___
___

» **Quais habilidades você precisa desenvolver ou aprimorar para melhorar sua vida financeira?**
___
___
___

Um outro ponto relevante é saber onde você está e aonde quer chegar. Para ajudá-lo, reflita sobre algumas perguntas:

» **De modo geral, o que você quer para a sua vida no que se refere às finanças?**
___

RUMO À RIQUEZA

» **O que você ama fazer?**

» **Qual é o seu propósito maior na vida? Caso não tenha essa resposta, que atividade desempenharia, pensando na vida dos seus sonhos? O que lhe traz uma autêntica sensação de realização?**

» **O que você quer transformar na vida das pessoas?**

O ideal é que cada um tenha essas perguntas definidas para si. Muitas vezes, no entanto, trata-se de um percurso demorado ou que envolve erros de análise, uma vez que é algo relacionado à autoconsciência e ao autoconhecimento. Mas, com foco e persistência, uma hora o indivíduo consegue descobrir e atingir o seu propósito.

Mais um ponto que penso ser muito importante ressaltar é: nada é impossível para ninguém desde que a pessoa queira crescer e batalhe por isso. Quer um exemplo? Conheço um rapaz, o Juscelino, que é um advogado de ponta. Ele nasceu em uma família sem recursos, mas fala com orgulho: "Apesar de a minha origem ser humilde, decidi morar na casa de um patrão que me deu uma oportunidade e fui estudar. Estudei, estudei até conseguir fazer o curso de Direito, que era o que queria, e me destacar profissionalmente".

Portanto, o que ele fez? Em vez de se acomodar ou ficar reclamando da vida, como muitas pessoas fazem, ele correu em busca das oportunidades.

É HORA DE VIRAR A CHAVE DA SUA MENTALIDADE

Não ficou parado, esperando que as coisas viessem até ele. Conseguiu tudo isso com muito estudo, dedicação e persistência. Mas tem quem fique por aí repetindo: "Ah, mas para algumas pessoas é mais fácil". Sim, sabemos que, infelizmente, vivemos em um mundo repleto de desigualdades e onde muitas pessoas têm privilégios. Mas também acredito que, se uma pessoa estudar e se dedicar, se ela realmente quiser atingir um objetivo, ela vai conseguir fazer isso aos poucos. Pode ser que demore um ano ou dois, mas ela vai ter sua recompensa. Tenho certeza de que, se você estudar, se dedicar, mostrar disciplina e determinação, estiver sempre aberto a aprender coisas novas, tende a ampliar muito as oportunidades em sua vida.

E como é que sei disso? Veja o meu caso, por exemplo. Eu era modelo, o que acabou me dando uma grande visibilidade. Mas, em um determinado momento, percebi que queria me tornar educadora financeira. Poderia parecer impossível para muita gente que uma modelo, alguém que sempre trabalhou mais com sua imagem, pudesse ensinar as pessoas a lidar com seu dinheiro. Mas não foi. Por quê? Porque soube converter todo aquele ganho em termos de audiência, que acumulei ao longo dos anos de trabalho duro na TV, e estudei, me dediquei, fui determinada a fim de entregar um conteúdo valioso aos meus seguidores. Ainda hoje estou aprendendo. Acredito que aprendemos todos os dias. Aliás, quem acha que já aprendeu tudo na vida é porque, na verdade, não aprendeu nada.

ACREDITE NOS SEUS SONHOS

Se você tem um sonho, você deve traçar objetivos para concretizá-lo. Construir o trajeto até ele aos poucos. E uma coisa é certa: você vai ter que estudar, não há outro caminho. O conhecimento é a base, a chave para tudo. O que custa mais caro: estudar agora e começar a investir? Ou não investir e se arrepender daqui alguns anos? Pense nisso. Porém, em paralelo, o aprendizado por si só não resolve tudo. É preciso aplicar o que se aprende. Até porque existe uma infinidade de pessoas que cursa uma faculdade excelente, mas, após conquistar seu valioso diploma, fica parada. Ou seja, não coloca em prática o que aprendeu. E por quê? O que falta a essas pessoas? Na minha visão, não existe

RUMO À RIQUEZA

vontade tampouco motivação, entusiasmo, a chamada fome de vencer ou amor ao que se faz. Se faltar isso, fica bem difícil.

Em contrapartida, muitas vezes vemos pessoas de origem mais simples, tantas delas sem uma educação formal ou ensino superior, mas que vão à luta, com dedicação, paixão e entusiasmo, e, aos poucos, conquistam suas recompensas. Há incontáveis exemplos de gente que não nasceu em berço esplêndido, não frequentou universidades renomadas, porém conseguiu se destacar com empenho e acreditando em seus talentos. Bem antes de revolucionar a indústria automobilística mundial e se tornar um dos homens mais ricos e famosos do mundo em sua época, Henry Ford (1863-1947) trabalhou na adolescência como aprendiz em uma fábrica de vagões ferroviários e em uma oficina em Detroit (EUA). Aos 16 anos, também trabalhava à noite em uma joalheria consertando relógios.[28]

Certa vez, Walter Elias Disney (1901-1966) afirmou o seguinte: "Todos os nossos sonhos podem se tornar realidade se tivermos a coragem de persegui-los".[29] A história pessoal de Walt Disney reflete bem este pensamento, pois, muito antes de se tornar o empresário e produtor de cinema mundialmente conhecido, ele teve uma infância de muito trabalho.

Quando o pai dele, Elias, passou a prestar serviço como entregador de jornais no Kansas, Walt, então com apenas 10 anos, e seu irmão Roy passaram a acordar às 4h30 para ajudar a família. Por mais de seis anos, distribuíram os exemplares todas as manhãs, antes da escola, e novamente à noite. Como o trabalho era bastante cansativo, Disney adormecia nas aulas e, com alguma frequência, tirava notas ruins nesse período.[30]

No entanto, na vida adulta, após se apaixonar por animação, ele se tornou um pioneiro nessa arte, o que, ao longo dos anos, se materializou em feitos impressionantes. Walt Disney foi o maior ganhador de prêmios Oscar,[31] com 22 estatuetas em categorias competitivas além de receber três honorários. Ao todo, foi indicado a 59 Oscars, outro recorde. Em paralelo, criou o parque temático Disneylândia, aberto em 1955, que se tornou referência nesta área para todo o mundo.

Portanto, meu amor, inspire-se em exemplos como os de Ford ou Disney e comece a construir, hoje, o futuro dos seus sonhos. Busque aquilo que desperta paixão em você, estude, pratique e voe! Para quem une dedicação, disciplina e amor, o céu é o limite.

É HORA DE VIRAR A CHAVE DA SUA MENTALIDADE
HERÓIS DA RESISTÊNCIA

Para conseguir o que você quer, sua coragem deve ser muito grande. Trata-se de uma chave muito importante, mas que falta em muitos indivíduos. A história do coronel Harland David Sanders (1890-1980), fundador da rede de fast-food KFC, é um exemplo de resiliência. Sanders tinha 40 anos quando abriu seu restaurante com uma receita de frango frito exclusiva. O local funcionava junto a um posto de combustíveis na cidade de Corbin, Kentucky, nos Estados Unidos. Antes disso, havia trabalhado no Exército e como lavrador, ferroviário, mecânico de locomotivas, vendedor de seguros e de pneus.[32]

Quando uma nova rodovia interestadual o obrigou a fechar seu restaurante, o coronel, então com 65 anos, pegou sua "receita secreta" com onze ervas e temperos, um cheque de 105 dólares, e passou a viajar pelo país, fechando negócios com donos de restaurantes que concordaram em vender seus frangos fritos.[33] Em 1964, aos 74 anos e com mais de seiscentos pontos de venda franqueados, o coronel vendeu sua participação na empresa por 2 milhões de dólares para um grupo de investidores.[34]

Talvez você esteja pensando: *Ah, Carol, mas algo assim é possível nos Estados Unidos, né? Aqui, as coisas são bem diferentes.* Bom, no Brasil, temos o exemplo do Geraldo Rufino, que cresceu em uma favela paulistana, ficou órfão de mãe aos 8 anos e foi catador de latinhas ainda na infância.[35] Ele afirma ter herdado o conselho materno de que, apesar de ser pobre, poderia mudar sua situação se quisesse. Após trabalhar dos 13 aos 30 anos em uma empresa da área de entretenimento, onde aprendeu sobre educação financeira e chegou a ser diretor, decidiu empreender.[36]

Rufino conta ainda que chegou a "falir" em seis ocasiões, quando ficou completamente sem dinheiro, mas se reergueu. Segundo ele, a JR Diesel, distribuidora de autopeças seminovas, chega a faturar 60 milhões de reais por ano. De quebra, em razão da sua trajetória, se tornou um dos palestrantes mais requisitados do país.[37]

Esses exemplos ilustram a importância de batalhar, perseverar, não ficar esperando que as coisas venham de mão beijada até nós. Há muita gente que enfrenta dificuldades, como a falta de incentivo, tempo e dinheiro.

RUMO À RIQUEZA

Outras pessoas não sabem por onde começar. No entanto, mesmo diante de tantos obstáculos, é importante ler, estudar, se aprimorar. Mostrar um empenho a mais a fim de se desenvolver. Em paralelo, parar de perder tempo criticando quando alguém consegue trilhar seu próprio caminho.

Ser educadora financeira era um sonho que eu tinha e busquei isso. Será que eu ouvi a opinião dos outros? Não! Tive até amigos que disseram: "Você nunca vai conseguir isso!". Mas ignorei, não absorvi, pois são críticas que não somaram nada para mim. Eu sabia aonde queria chegar. Este é um importante passo para você conseguir alcançar aquilo que almeja para a sua vida e para a sua carreira.

NO QUE ACREDITAR?

Neste capítulo dedicado à mentalidade, quero falar com você sobre o conceito de crenças limitantes, os impactos delas na sua vida financeira e a importância desse tema para o seu desenvolvimento pessoal. Mas o que são essas crenças, afinal? Como nascem e se estabelecem? As crenças são aquelas informações que vamos acumulando em nossa mente ao longo da vida e que, de tanto escutarmos, parecem ser verdades absolutas. Será que você já ouviu alguém dizer que "ricos são arrogantes"? Pois é, como se todos os ricos fossem automaticamente arrogantes. Ou quando um pai fala para o seu filho: "Você é inútil, não vai chegar a lugar nenhum", temos outro exemplo de uma crença limitante. Em um caso assim, o que será que pode acontecer? Garanto que nada de bom. A crença não é criada de um dia para o outro. Trata-se de algo que vai sendo construído, se formando no seu subconsciente se integrando aos seus hábitos a partir do que você ouve e do que vê.

Com isso, muitas pessoas se sentem traumatizadas e travam. Passam a acreditar que são incapazes de ganhar dinheiro e que não vão conseguir ter um futuro financeiro melhor. Que vão trabalhar apenas em empregos medíocres ao longo da vida, que vão depender sempre dos outros, que não vão conseguir liderar a si mesmos. Não faltam pessoas que acham que "todo rico é ganancioso", porque ouviram tal afirmação ao longo da vida. A palavra, repetida tantas vezes, se cristaliza na forma de crença.

É HORA DE VIRAR A CHAVE DA SUA MENTALIDADE

Ao associar a riqueza a algo negativo, tais indivíduos entendem que não devem ser ricos e preferem se manter em suas zonas de conforto. Afinal, para eles, trata-se de um lugar "quentinho", portanto, pensam: *Não preciso de mais do que isso. Está bom para mim*. Mas a realidade é que acabam não procurando um sonho maior, não querem crescer mais, terminam por se limitar em muitas áreas da vida.

Outros pensamentos são aqueles que afirmam que "dinheiro não traz felicidade" e que "o importante é ser feliz". Claro, a felicidade é importante e existem pilares como saúde ou relacionamentos pessoais que têm papel fundamental na vida de qualquer indivíduo. Mas uma coisa não exclui a outra, temos que ter dinheiro também, pois ele ajuda muito. Ficar sem dinheiro é algo muito ruim. Pense comigo: você quer ver seus filhos bem? Ou ter uma aposentadoria? Uma saúde digna? Portanto, neste sentido, o dinheiro traz, sim, felicidade.

As crenças podem limitar muito. O que mais vejo são pessoas traumatizadas. Quando a mãe diz a um filho: "Isso não é para você, é coisa de rico", é impossível que isso não fique na cabeça dele. Muitos pensam: *Nunca vou ser rico*. As crenças não são apenas colocadas pelos pais. Há aquelas que são ditas por maridos, por exemplo. Conheço mulheres que já ouviram dos companheiros: "Você não vai ser ninguém na vida se nós nos separarmos". Tais traumas, muitos resultantes de uma vida inteira ouvindo tais frases, fazem com que as pessoas tenham medo de quebrar as barreiras.

Tenho uma amiga que diz: "Eu não sei ganhar dinheiro porque meu pai sempre me disse que eu não conseguiria fazer isso". Todas essas afirmações negativas ficam na cabeça das pessoas. São crenças que fazem com que a gente pare e pense: *Putz, eu não vou conseguir passar desse obstáculo*. E isso é algo que certamente limita alguém financeiramente.

Existem ainda alguns mitos que se tornam crenças. Um exemplo é aquele que falamos anteriormente e afirma que, para investir, é preciso ser rico. Trata-se de uma mentira, embora muita gente acredite nisso. Atualmente, há investimentos a partir de 30 reais, como o Tesouro Prefixado, para quem deseja fazer uma reserva. Também existem boas ações que podem ser adquiridas por 15 ou 20 reais. Por falta de conhecimento, há quem pense que, para investir no exterior, é necessário ter

RUMO À RIQUEZA

10 mil dólares ou até milhões de dólares em conta. Negativo. Portanto, você não precisa se tornar rico para investir.

Diferentemente do que muitos podem imaginar, ações de algumas das maiores companhias do mundo, como Apple, Amazon, Disney ou Microsoft, por exemplo, podem ser compradas por 20 dólares. Em um primeiro momento, até pode parecer pouco, mas não é, uma vez que os juros compostos vão jogar a seu favor e, no futuro, seu dinheiro vai se multiplicar. Para começar tudo isso, no entanto, você vai ter que "meter o pé na porta", como digo nos meus vídeos. Você vai estudar e fazer acontecer, fazendo os melhores investimentos para o seu perfil.

NÃO DEMONIZE A RIQUEZA

Algumas crenças, no entanto, podem funcionar como desculpas para que as pessoas procrastinem e se afastem da prosperidade financeira. Por exemplo, quem fala que "dinheiro é sujo", querendo dizer que por trás de toda riqueza há alguma coisa ilícita, comete o erro de generalizar. É claro que, infelizmente, não faltam exemplos de fortunas que foram erguidas com base em crimes. Mas existem também muitos ricos que batalharam para alcançar sua condição.

Tenho um amigo que começou vendendo bíblias de porta em porta até conseguir juntar dinheiro para fazer o que desejava: montar um restaurante. Com o passar dos anos, ele abriu um segundo, um terceiro, um quarto e hoje, ele é dono de diversas franquias. Portanto, a história dele não tem nada de ilícito, ele trabalhou muito para conquistar seu espaço. Novamente, faço um questionamento: "Será que dinheiro não traz felicidade?".

Quem não gosta de ter conforto? De viajar? Estar em um quarto bonito de um hotel legal? Quem não gosta de se vestir bem? De ver os filhos bem-vestidos também? Quem não gosta de poder ir a um bom restaurante? Dinheiro não é sinônimo de felicidade, mas ele oferece conforto e segurança em muitas ocasiões. Portanto, em diversas circunstâncias, podemos dizer que ele traz facilidade, sim.

Há ainda aqueles que acreditam que o dinheiro é algo ruim, pois afasta as pessoas da fé. São pessoas que creem que nenhum rico é espiritualizado,

É HORA DE VIRAR A CHAVE DA SUA MENTALIDADE

todos são céticos e só acreditam no dinheiro. Mas existem muitos ricos que ajudam o próximo e que demonstram ter uma fé inabalável. Sempre que inicio um projeto, antes, eu reúno minha equipe e oramos. Acredito que Deus está conosco e quer o nosso progresso. Ele vai abençoar e dar uma mão a você, mas, claro, você tem que fazer a sua parte. Temos que ser gratos. Sempre. As pessoas devem ser felizes pelo que têm, e não pelo que não têm. No entanto, muita gente comete este erro.

Existem também pessoas que dizem: "Não vou investir, pois 'o amanhã a Deus pertence'". Cuidado! É lógico que devemos viver o presente e que não podemos focar apenas o passado para não sufocar o presente e não conseguir pensar no futuro, mas dá para viver bem e saber separar um dinheiro para investir. Investir em você, em cursos, em livros. Com organização e estratégia, é possível ter lazer também. Por que não?

DE OLHO NOS HÁBITOS

Todos nós somos formados por hábitos. Temos nossos pensamentos, que geram as nossas emoções, que se transformam em comportamentos e geram ações. Trata-se de algo estudado pela neurociência.[38] Imagine que você teve um dia muito estressante e, para "aliviar" sua tristeza ou angústia, decide comer um enorme sanduíche. Porém, sem reflexão, isso pode facilmente se tornar um hábito. Com isso, toda vez que estiver estressado ou triste, você vai recorrer ao lanche. Não demora e temos um círculo vicioso formado.

Com dinheiro não é diferente. Faça um teste e procure se lembrar de alguma ocasião em que você teve um dia ruim e acabou indo para o shopping, onde gastou seu dinheiro. Para mudar isso, é preciso primeiro se conscientizar desses mecanismos que, por vezes, passam despercebidos. "Mas tomar consciência do quê, Carol?", talvez você esteja me perguntando agora. Vamos lá:

» **Quais são os seus hábitos de compra?**
_____
_____
_____

RUMO À RIQUEZA

» **Você gasta dinheiro quando está triste ou angustiado?**
_____
_____
_____

» **Você tem dívidas?**
_____
_____
_____

» **Você sabe quanto ganha e quanto gasta mensalmente?**
_____
_____
_____

» **Você tem consciência de que não precisa ter tudo?**
_____
_____
_____

Quando colocamos no papel as respostas a perguntas como essas, exercitamos a reflexão sobre nossas atitudes e nossos hábitos. O resultado disso é a ampliação da chamada autoconsciência, do entendimento de como seus comportamentos estão ligados aos seus sentimentos e pensamentos.

Você deve saber que não é preciso antecipar seus sonhos. Faça as coisas com calma. Um dos maiores erros é antecipar sonhos sem planejamento. É preciso saber a hora de falar: "Não, eu quero parar aqui, está bom para mim. Não preciso de mais do que isso". Afinal, você vive a sua vida ou a vida dos outros? Será que você traça suas metas ou está olhando sempre para os lados, para elaborar objetivos baseados na vida dos outros? Para mim, antecipar os sonhos também é um dos maiores erros do investidor iniciante, perfil sobre o qual eu falarei mais no próximo capítulo.

Tenho uma amiga maquiadora que um certo dia me disse: "Quero me casar, fazer uma lua de mel maravilhosa, uma grande festa e mudar

É HORA DE VIRAR A CHAVE DA SUA MENTALIDADE

de apartamento". Entendo que são desejos muito incríveis, mas todos eles envolvem sonhos muito grandes e com investimentos muito altos. Não dá! Ali, naquela frase, ela estava antecipando quatro sonhos. Será que ela vai conseguir arcar com todos eles? Será que não seria melhor ela dizer: "Poxa, meu sonho é me casar. Tudo bem. Então, vou me preparar para realizar meu primeiro sonho"? Não dá para a pessoa querer ter o carro da moda, mudar de casa, viajar, ter as melhores roupas, tudo de uma vez.

Esse é um grande erro de alguém que quer investir, sobretudo, daquele cara que é emergente, que começa a ganhar dinheiro e, de repente, quer ter o melhor carro, a melhor casa etc. Não é algo sustentável e, uma hora, pode não dar certo. Portanto, ==não antecipe seus sonhos. Você tem uma vida inteira para realizá-los. Acredite, se você fizer com calma, dá para concretizar cada um deles a seu tempo==.

Não sou contrária a quem anda de carro importado ou mora em uma boa casa, claro. Muito pelo contrário. Acredito que todos devemos buscar a evolução. Mas sou contra a atitude de alguns que querem comprar um bom carro ou uma casa enorme e, com isso, buscam antecipar todos os sonhos sem planejamento para isso. Mas, me diga, e se, no meio dos sonhos, o carro e a casa se transformarem em fonte de dívidas crescentes? O que acontece? Os sonhos viram pesadelos. Se tornam noites de sono ruim, estresse, problema de saúde e brigas familiares. Vira um verdadeiro manancial de problemas. O dinheiro, que é algo que serve para realizar sonhos, não pode ser um gerador de pesadelos.

Para evitar tudo isso, portanto, você precisa aprender a desconstruir hábitos nocivos. Como fazer isso? Criando bons hábitos. Vamos voltar à questão do consumo. Quando você acordar triste, tiver algum problema no trabalho ou terminar um relacionamento, por exemplo, pare e pense: *Não, hoje eu não vou comprar roupa. Não vou gastar todo o meu dinheiro por causa da tristeza ou dos problemas.* Em vez disso, busque fazer algo de que você realmente goste. Eu, por exemplo, prefiro jogar tênis ou praticar alguma luta para me desestressar. Cada pessoa tem que saber o que funciona para ela.

Quer outro exemplo? Lembro-me de uma vez em que viajei para uma praia lindíssima e, lá, conheci um grupo de pessoas. Em meio a

RUMO À RIQUEZA

uma conversa, perguntei a um rapaz como ele tinha se organizado para viajar para lá. A resposta dele me surpreendeu: "Ah, eu fiz um empréstimo!". Pensei: *Como assim?* Não seria melhor ele ter esperado um pouco para viajar para aquele lugar em vez de se enfiar em dívidas e depois se embananar?

Portanto, o primeiro passo para uma mudança profunda na sua mentalidade é se conscientizar, procurando desconstruir hábitos para construir a maneira como você pensa. O pensamento é a chave principal para a construção de novos hábitos. Se você quer uma aposentadoria melhor no futuro, por exemplo, deve se dedicar e investir. Isso passa por mudar pensamentos, sentimentos, comportamentos e ações.

Já conheci pessoas que tinham bons salários, mas, por não mudar hábitos, gastavam muito dinheiro. O resultado prático é que, com o passar do tempo, poderiam ter uma aposentadoria bem mais tranquila se tivessem pensado no futuro. Com a conscientização, podemos desconstruir crenças e hábitos nocivos para construir novos mais saudáveis. Com isso, também teremos novos resultados. Porque simplesmente não dá para ter novas conquistas quando fazemos sempre a mesma coisa.

BAIXE SUAS EXPECTATIVAS

Eu sempre aconselho as pessoas a viverem um degrau abaixo do que gostariam. E o que isso significa? Em primeiro lugar, a ideia é **ser** rico, e não **parecer** rico, certo? Costumo dizer que parecer rico custa muito caro. Envolve ter um carro bom, uma casa boa, e isso é caro. Por isso, é preciso tomar muito cuidado. O negócio é ser rico. Você tem que ter ativo, e não passivo. Quais são os ativos que você tem? E os passivos? Afinal, o que significam tais conceitos? Ativos são bens ou posses de uma pessoa, aquilo que pode ser capitalizado e, ao longo do tempo, gerar renda para o dono, como ações e títulos, por exemplo. Já passivos são itens de posse, mas que geram custos, seja de manutenção ou de despesa. Estamos falando de dívidas e obrigatoriedades que uma pessoa tem que pagar. Contas de consumo, como água ou energia elétrica, e despesas com a reforma da casa, por exemplo, são considerados passivos.[39]

AS PESSOAS DEVEM SER FELIZES PELO QUE TÊM, E NÃO PELO QUE NÃO TÊM.

@caroldias

RUMO À RIQUEZA

Vamos pensar em um carro. Talvez, algumas pessoas precisem de um carro bom. Imagine alguém que ocupe o cargo de executivo em uma empresa. Nesse caso, o veículo pode até ser considerado um ativo, porque ele precisa daquilo. Mas será que uma pessoa que tenha um emprego, digamos, "normal" precisa de um carro que custe 500 mil reais e se endividar para tê-lo? É preciso sempre avaliar prós e contras.

E por que digo para viver um degrau abaixo? Imagine que ocorra uma crise, seja na sua vida ou na economia do país. Caso você esteja acostumado a viver um degrau abaixo, ou seja, com uma perspectiva mais humilde, você provavelmente vai enfrentar a crise, mas sentirá bem menos os efeitos dela do que se estiver sempre um degrau acima. Ou, falando de uma maneira até mais simples, se você cair do alto, sofrerá um tombo muito maior do que se estivesse em um patamar mais baixo. Parece óbvio, mas parece que muita gente não costuma levar isso em consideração.

Viver um degrau abaixo não significa ser miserável. Longe disso. Ocorre que, ao viver um degrau abaixo, ou seja, com os pés bem próximos ao chão, quando ocorre um momento de queda, você consegue ter mais equilíbrio. Além disso, se você cair, provavelmente terá um dinheiro guardado, uma vez que quem vive um degrau abaixo costuma economizar mais. Mas você talvez esteja pensando: *Ah, Carol, mas todo mundo sabe disso aí...* Será?

Certa vez, perguntei para um amigo o que ele achava melhor: ser um sujeito que ganha 100 mil reais por mês e gasta 90 mil ou outro, que recebe 50 mil reais, mas gasta 10 mil? Após pensar alguns segundos, ele disse: "O primeiro caso, claro". Perguntei por que ele achava aquilo, e ele me respondeu: "O cara que ganha 100 mil reais hoje tem a chance de ganhar 200 mil reais amanhã". Concordei, mas acrescentei que a pessoa que ganha 100 mil reais também corre o risco de passar a receber 30 mil em um momento seguinte, dependendo do que pudesse acontecer, como no caso de uma crise na economia.

Nesse caso, se passasse a receber um salário menor, imagina quão difícil seria diminuir de uma hora para outra os seus gastos para se adequar à nova realidade. É bem possível que esse primeiro caso acabasse precisando entrar em uma dívida para conseguir abarcar todas as pontas

É HORA DE VIRAR A CHAVE DA SUA MENTALIDADE

da sua vida financeira. Já o segundo caso, em que a pessoa recebe 50 mil reais e só gasta 10 mil, esse valor acumulado e bem aplicado poderia rentabilizar uma grande riqueza e uma segurança financeira para o caso de uma crise ou falta de estabilidade. Pense sobre isso!

MENTE DE VENCEDOR

Você já parou para pensar como funciona a mente de um vencedor? Vamos fazer isso juntos. Em primeiro lugar, ele tem uma fé inabalável. Quando ele tem um projeto, acredita de maneira genuína que aquilo tem um propósito e que Deus vai ajudá-lo. Imagine alguém que se destaque em algum esporte, como o atletismo, por exemplo. Invariavelmente, é alguém que sabe aonde quer chegar. Quando ele entra na pista para uma prova, não dá ouvido para quem está ao lado. Ele conhece bem seu objetivo e se preparou, incluindo sua inteligência emocional.

Com dinheiro, é bastante parecido. Você deve ter inteligência emocional para controlar suas emoções e não sair por aí gastando e fazendo besteiras com seus recursos. Conheço muita gente que vai para a balada, mas não tem controle emocional. Se está triste, é capaz de gastar seu dinheiro com um monte de coisas para, depois, constatar que nada daquilo valeu a pena. Vemos, com frequência, casos de pessoas que ganham muito dinheiro, mas perdem tudo pela falta de inteligência emocional.

==O vencedor também possui resiliência. Se por acaso ele cair, vai se levantar várias vezes e aprenderá com os erros. Para vencer, você deve entender que sempre haverá obstáculos e que o erro faz parte do processo. Ninguém acerta o tempo todo.== Por isso, são necessários elementos como persistência e disciplina. Já o usei como exemplo, mas volto a repetir, o português Cristiano Ronaldo é um jogador extremamente talentoso, mas quando entra em campo também é conhecido por seu esforço, dedicação e disciplina extraordinários. Não é à toa que acumula títulos e sucesso no que faz.

É provável que existam dias em que ele esteja cansado e até não esteja a fim de jogar. Mas, como ele tem a mente de um vencedor, com

RUMO À RIQUEZA

equilíbrio e inteligência emocional, ele vai para a partida com vontade de ganhar. Trata-se, no entanto, de algo que falta a muitas pessoas que preferem inventar mil desculpas para seus fracassos.

MOMENTO DE MUDAR

Falei de hábitos e agora quero indicar alguns que julgo fundamentais para quem deseja alcançar a riqueza. A primeira coisa que muitos precisam aprender a fazer é orar e agradecer mais. Vejo muita gente reclamando, sem agradecer por tudo de bom que lhe acontece. Temos o costume de pedir ajuda a Deus quando tudo está saindo errado em nossas vidas. Mas e quando tudo dá certo, será que você é grato? Tem o hábito de agradecer o que tem? Ou se queixa pelo que não tem? É comprovado pela psicologia positiva que a gratidão traz resultados melhores para as pessoas.[40] Quem é grato e tem otimismo também costuma ser menos ansioso e mais focado, o que lhe garante uma visão melhor das coisas.

Além da gratidão, devemos ter um cuidado especial com nosso corpo, portanto, exercite-se. Temos que gastar energia e cuidar da nossa saúde, pois isso é muito importante para nos sentirmos motivados, e não fadigados. Cuide-se, afinal, você é o seu maior patrimônio. Se alimente bem, medite. Faz muita diferença. Você deve estar bem e disposto para conseguir dar conta dos seus projetos.

Outro ponto muito importante é ter o hábito da leitura e se manter bem informado. Pegue os jornais do dia. Leio ao menos um. Ou, caso prefira, informe-se pela internet ou ouça notícias regularmente. Mantenha-se sempre curioso. Aprenda a ler e absorver. Isso abre sua mente. Procure ir a eventos e faça *networking*. Isso faz você conhecer pessoas e estar no meio daqueles que precisa estar. Fale menos, escute mais, observe aquilo que deu certo para alguém. Preste atenção em quem tem algo a ensinar e como ele fez para ter essa experiência.

Aprenda a ter metas, acostume-se a traçá-las e anote tudo o que você vai fazer. Pessoas com mentalidade de prosperidade estão sempre anotando, planejando ou projetando. Caso contrário, você esquece

É HORA DE VIRAR A CHAVE DA SUA MENTALIDADE

o que está fazendo, e aquilo se transforma em apenas um pensamento que já passou.

Mais uma recomendação importante: ande com pessoas boas, que acrescentem algo em sua vida. Se você se cercar de indivíduos ruins, com certeza isso vai influenciar os seus resultados. Reflita sobre suas amizades e relacionamentos. Em que vai ajudar você estar sentado em uma mesa, rodeado de pessoas que não querem evoluir? Nada, não é? Uma dica adicional é que você não deve dar ouvidos para quem quer derrubá-lo. Não faltam pessoas que querem opinar sobre sua vida, mas nunca fizeram nada nem sabem o que estão falando.

Lembro bem de que, quando comecei a fazer sucesso, muitas "amigas" não me apoiaram. Deixei para trás muitas dessas pessoas, pois percebi que elas não eram minhas amigas. São poucas as pessoas que nos aplaudem genuinamente no sucesso. Quando você começar a se destacar, saiba que muitas pessoas vão sumir do seu convívio, mostrando que elas não são suas amigas de verdade. Ufa, mais um capítulo chega ao fim. Tenho certeza de que você está gostando. Hora de recarregar as baterias para seguirmos em nossa rota rumo à riqueza. Espero você nas próximas páginas.

O BÁSICO E NECESSÁRIO

Fala, meu amor! Nossa jornada rumo à riqueza prossegue e ainda há muito para vermos juntos. No último capítulo, tratamos da importância da mudança de mentalidade em relação ao dinheiro, um dos pilares para não se afastar do caminho do sucesso. Vimos que, para conseguir isso, temos que buscar cada vez mais o autoconhecimento e a autoconsciência, uma vez que isso envolve a percepção de nossos pensamentos, sentimentos, comportamentos e ações. Somente assim podemos substituir hábitos que são nocivos para nossa prosperidade financeira. E é o que todos querem, não é mesmo?

Agora, quero falar com você sobre os primeiros passos para que alguém se torne um investidor. Quem me acompanha por meio das minhas redes sociais sabe que costumo dar dicas práticas para serem feitas no dia a dia. São coisas que eu sei que dão resultado porque eu mesma utilizo na minha rotina e me ajudaram a chegar aonde estou.

Quer um exemplo? Anote todos os seus ganhos e gastos. Todos mesmo. Começamos a falar um pouco sobre isso no início do livro, mas traremos o assunto um pouco mais detalhado aqui. *Ah, Carol, mas preciso tomar nota até do cafezinho na padaria?*, você pode estar pensando. Sim,

RUMO À RIQUEZA

sim e sim! Deixe-me explicar uma coisa a você. Na realidade, acredito que deveríamos anotar tudo na vida da gente. Quando tenho uma ideia, por exemplo, já pego um caderno e uma caneta, que carrego sempre comigo, e anoto. Se não fizer isso, não adianta, existe um grande risco de esquecer caso deixe para depois.

Com o que você gasta e ganha, não é diferente. Tanto eu como o meu irmão, o André, desenvolvemos este hábito de anotar tudo, cada centavo. Absolutamente tudo, sem exceções. Trata-se de algo importante por diversos motivos. Vamos pensar nos ganhos. Em primeiro lugar, os meses não são todos iguais. Há meses em que você pode ganhar mais e outros em que você pode ganhar menos. Da mesma maneira, existem períodos em que você gasta mais e outros em que os gastos são menores.

Outro ponto é que você somente vai conseguir saber em que pode economizar se anotar cada valor que sai da sua conta-corrente. Pode ser no computador, em planilha, no seu *smartphone*, em um caderno, em um bloco de papel, não importa. O que vale é ter a disciplina de trabalhar para identificar para onde vão seus recursos, algo que muita gente acaba deixando de lado. Vejo isso o tempo todo. Tenho um grande amigo que costumava gastar dinheiro com assinatura de televisão a cabo, a que ele acabava não assistindo por falta de tempo ou até interesse. E aquilo já vinha ocorrendo havia cinco anos. Um determinado dia, por ter liberdade, conversava com ele, quando falei: "Poxa, mas você está pagando por canais de televisão aos quais nem mesmo consegue assistir?!". Fiz uma conta rápida com ele e vi quanto ele havia gastado em cinco anos. Com isso, ele ligou na empresa de televisão a cabo e cancelou o serviço que não utilizava.

Agora, imagine se ele tivesse investido todo aquele dinheiro. E você, será que também não paga todo mês por algo que não utiliza? Quer outro exemplo? Quem não conhece alguém que gasta uma verdadeira fortuna pedindo comida em casa via aplicativo com muita frequência? Talvez seja você mesmo essa pessoa. Diante de algo assim, vale o alerta: se você está gastando muito dinheiro, mude alguns hábitos, experimente fazer você mesmo a comida em casa, para que dure um tempo maior e você não precise pedir fora. Em geral, existem alternativas mais baratas no supermercado em relação à comida entregue na sua casa. É questão de avaliar e fazer contas. Conheço muita gente que tem preguiça de

O BÁSICO E NECESSÁRIO

cozinhar, mas, com isso, acaba gastando um dinheirão que poderia utilizar para outras funções.

Seja uma televisão por assinatura ou comida pedida por aplicativo, não faltam situações em que podemos economizar se adotarmos uma atitude diferente em nosso dia a dia. Quem quer chegar ao milhão, antes, precisa aprender a olhar todos os centavos com lupa. Um exemplo de gasto ao qual toda pessoa deve dar atenção são as tarifas bancárias. No entanto, muita gente simplesmente nem olha. Eu mesma já tive problemas com tarifas de cesta básica cobradas pelo meu banco.

E, para controlar seus gastos, você não precisa de computador para fazer uma planilha, por exemplo. É possível anotar tudo em um caderno. A minha mãe tem um caderno em que anota tudo até hoje, desde a juventude. Ela anota lá, liga para o banco quando quer saber o saldo dela etc. Portanto, como estamos vendo, existem muitas coisas que você pode fazer. Lembro-me de um determinado dia em que meu irmão falou: "A conta do meu celular aumentou, não estou entendendo o porquê, vou ligar para a operadora". Ele é um cara atento, que acompanha todas as contas. Isso é fundamental.

Da mesma maneira, é vital refletir sempre sobre hábitos. Será que você precisa comer fora de casa todo fim de semana? Ou, então, tem gente que, ao ir às compras em um shopping, afirma: "Ah, se eu comprar tal produto, a parcela é de 100 reais, mas, se levar uma coisinha a mais, fica 200 reais e consigo dividir em mais vezes, então a parcela ficará menor". Poxa, mas já são 100 reais a mais, não é?

Assim como outro sujeito, que pega o cartão de crédito e decide dividir a fatura em dez parcelas de 100 reais, pensando que tal valor é "suave". Não, gente! As dez parcelas de 100 reais significam mil reais. Isso, sem falar nos juros estratosféricos. Em alguns dos principais bancos do país, a taxa do cartão de crédito chegou a 328% ao ano, em 2020.[41] Ou seja, você parcelar um boleto do cartão de mil reais em dez parcelas, com tal taxa do crédito rotativo, teríamos 10,4% de juros compostos ao mês. Isso significa que o bem de mil reais teria custado aproximadamente 2.690 reais ao fim do período. Não existe outra interpretação nem mágica. Você vai ter que pagar aquilo, pois funciona como um empréstimo. Por isso, cartão de crédito facilmente pode se tornar uma bola de neve para as suas dívidas. Os juros são altíssimos. O rotativo estava em 328,1% ao ano em dezembro de 2020,[42] algo que complica o orçamento de qualquer pessoa. Mas o que é o rotativo, afinal? Trata-se de um tipo de crédito oferecido ao consumidor quando ele não faz o pagamento total da fatura do cartão até o vencimento. O exemplo mais conhecido é quando pagamos o valor mínimo da fatura. Mas o rotativo acontece quando você paga qualquer quantia menor que o valor integral. A diferença entre o valor total e o que foi efetivamente pago até o vencimento se transforma em um empréstimo. E, por causa disso, o valor restante que você tem a pagar passa a gerar juros.

Logo, você tem que pensar em tudo isso também. Mas um grande número de pessoas parece desconhecer esses detalhes. ==Cheque especial e cartão de crédito não são salários-extra.== Muita gente, ao pensar assim, acaba se complicando e não consegue pagar mais suas dívidas. E isso é perigoso demais. Portanto, nesse sentido, uma ação urgente é tentar eliminar as dívidas.

Tá, mas você deve estar se perguntando: "Como posso fazer isso?". Eu explico, meu amor. Vem comigo! Primeiro, separe as dívidas essenciais, ou seja, aquelas que você não pode se dar ao luxo de deixar de pagar. São serviços, como luz e água, por exemplo. Depois que pagar estas, o próximo passo é classificar as dívidas, começando por aquelas com juros maiores e, depois, as que tenham juros menores. "Carol, mas tenho uma dívida que tem juros muito altos", posso imaginar você afirmando. Calma, há solução: você pode pegar um empréstimo com juros menores para pagar essa dívida e tentar liquidá-la à vista. Por exemplo, atualmente, existem empresas no mercado que oferecem empréstimos com taxas mais baratas do que as de bancos. Ao trocar de dívida, sua situação melhora, graças aos juros menores. Além disso, as exigências dos bancos para autorizar um empréstimo costumam ser maiores do que as de tais empresas.

==Outra reflexão muito importante para você, que está começando a mergulhar no mundo das finanças: aprenda a pedir desconto.== Eu mesma vou ao shopping e compro à vista, sempre pedindo algum abatimento sobre o preço cheio do produto. Saiba que, até hoje, mesmo com mais de 3 milhões de reais acumulados, eu peço desconto em toda compra. Se eu for a uma loja, pode ter certeza, eu vou pechinchar. Até no cartão. E, garanto a você, muitas vezes, o vendedor cede, pois sabe que é melhor vender com desconto do que não vender. Para mim, é muito simples,

O BÁSICO E NECESSÁRIO

muito tranquilo, mas vejo que não é assim com muitas pessoas, que dizem ter vergonha de fazer isso. Pois anote o que vou contar a você agora: os ricos de verdade pedem desconto, dão valor a cada centavo do dinheiro que possuem. Faz parte da essência da mentalidade milionária pensar dessa forma. Se você quer ser rico, precisa começar a agir como um. Reflita sobre isso.

Afinal, trata-se de uma negociação: você precisa ter poder de persuasão. Já perdi as contas de amigas minhas que quando iam comigo ao shopping, por exemplo, me diziam: "Ai, Carol, que vergonha, você vai pedir desconto?". Agora, eu pergunto a você, vergonha de quê? De economizar? De manter parte do seu dinheiro com você, aquele conquistado com tanto esforço? Não dá, não é mesmo?

Peça desconto, sim, não há nada de errado com isso. Você trabalhou para ganhar tudo o que ganhou, e isso tem muito significado. ==É importante honrar o seu trabalho, a sua dedicação, o caminho que levou você a ter algum dinheiro para investir.== Nem que sejam 30 reais, não importa, apenas comece, não deixe mais para amanhã. E, lembre-se, tudo passa por mudança de hábitos. ==Garanto que, se aplicar as dicas que estou dando aqui, vai se lembrar de mim e me agradecer no futuro.==

DESAFIE-SE SEMPRE

Quem me acompanha no Instagram ou no YouTube já sabe como adoro fazer desafios com o meu público. Lá no início do livro, fiz o desafio com você, caro leitor, de poupar 25 reais por semana para conseguir ter um montante de 100 reais para investir por mês. Se você já conseguiu fazer isso e subiu de nível, economizando mais de 100 reais, parabéns! Esse é o caminho, e o objetivo é conseguir poupar cada vez mais. Por que se desafiar costuma dar certo?

==De modo geral, quando uma pessoa é desafiada, ela costuma pensar: Será que eu conseguiria se tentasse? Acho que vou tentar para mostrar para ela que consigo, sim. Ao mesmo tempo, esses desafios proporcionam a motivação que faltava para iniciar algo que queremos muito.== Sei que poupar pouco todos os dias pode parecer indiferente, mas, no fim das

103

contas, faz uma diferença enorme. Se você conseguir poupar 10 reais por dia, por exemplo, estamos falando de 300 reais por mês que conseguiria investir. Pode parecer pouco, mas já faz diferença. "Ah, mas ninguém fica rico assim", alguns podem afirmar. Não, de fato, não fica. As pessoas ficam ricas quando começam a aplicar seus ganhos, isto é, além de poupar, fazer bons investimentos, que trarão lucro, e aplicar também esse lucro para que o montante sempre aumente. A fortuna é fruto de investimento crescente e consistente, do ato de trabalhar e de poupar cada vez mais.

Um outro ponto importante é que a definição das estratégias para economizar varia de pessoa para pessoa. Mas há uma técnica que funciona perfeitamente e que compartilho agora. Quando você receber o seu salário, crie um boleto. Sim, um boleto, como o de uma conta de consumo ou de algo que você compra. No entanto, esse boleto é diferente e vai significar um investimento. Portanto, ao receber o seu salário, a primeira coisa que você vai fazer é pagar esse boleto. Somente depois de fazer isso, você vai pagar suas demais contas. É claro que, para fazer isso, é preciso que você já tenha feito o seu planejamento financeiro e saiba o valor que sobra além das suas contas fixas. Entretanto, esse boleto deve funcionar também como uma conta fixa e evitar que você gaste o dinheiro que sobra com futilidades.

Preste atenção, vou repetir: você **não** vai pegar o seu salário, pagar suas contas e depois investir. Porque é exatamente aí que mora o problema. A maior parte das pessoas paga as contas e fala: "Ah, não sobrou nada". Portanto, a ideia é quebrar esse mecanismo automático. Você já tem aquele boleto de investimento. Pode ser 50, 100 reais ou outra quantia que você consiga investir. Você é quem vai decidir com base nos seus sonhos, nos seus objetivos com o dinheiro, e, claro, levando em consideração a sua realidade financeira. Mas você precisa criar esse boleto. Colocá-lo na cabeça como um compromisso com você mesmo, com seu futuro, com seus desejos, com a sua liberdade. E lembrar disso tudo.

Para ajudá-lo nos cálculos, vamos refletir sobre o que indicam os preceitos básicos da educação financeira sobre a divisão e o destino dos seus recursos. É razoável destinar 50%, ou seja, metade dos ganhos, para o pagamento das contas. Ou seja, para alguém com salário mensal de 2 mil reais, as contas devem totalizar mil reais no máximo. A outra

O IMPORTANTE É VOCÊ TER A CONSCIÊNCIA DE INVESTIR EM VOCÊ, NO SEU CRESCIMENTO, NO SEU FUTURO.

@caroldias

metade dos seus ganhos pode ser dividida em 20% para investimentos e 30% para o seu lazer. No nosso exemplo, portanto, seriam 400 reais para investimentos e 600 reais para o lazer.

Por investimentos, estamos falando, claro, de aplicações, isto é, aquilo que vai multiplicar o seu dinheiro, mas também pode ser na forma de estudos, cursos, conhecimento, livros. O importante é você ter a consciência de investir em você, no seu crescimento, no seu futuro. Quando passar a fazer isso, você saberá que todo mês terá 20% dos seus ganhos para fazer um curso, algo que considere importante para você, ou poderá investir em uma determinada aplicação, aquilo que julgar mais relevante.

Muita gente pode pensar: *Investir em conhecimento é algo caro.* Não, não é. Quem pensa assim está muito equivocado. Uma frase atribuída ao inventor e político norte-americano Benjamin Franklin (1706–1790) afirma que "os investimentos em conhecimento geram os melhores dividendos". Concordo com tal pensamento, pois quando a pessoa estuda e adquire conhecimento, ela fica mais segura, autoconfiante e determinada.

E, por fim, destine uma parcela do que ganha para o lazer, seja uma viagem em família, uma ida à praia, um jantar com seu marido ou sua esposa etc. Trata-se de uma parte vital para fazê-lo mais feliz, para fortalecer a sua autoestima, para trazer mais alegria à sua vida. Isso até ajuda a pessoa a investir melhor, a ter novas ideias, oxigenar o cérebro. Tudo deve ser feito com equilíbrio. Estamos falando aqui de pilares, aquilo que vai sustentar você e deixar sua realidade mais sólida.

FUJA DAS PARCELAS

Algumas páginas atrás, comecei a falar sobre aquelas pessoas que parcelam tudo no cartão de crédito, acreditando que isso é uma boa estratégia. Deixe-me elencar para você as razões pelas quais não é uma boa ideia parcelar. Em primeiro lugar, muitas vezes a parcela significa o acréscimo de juros. Assim, se você guardar o dinheiro para comprar à vista, pode negociar ótimos descontos.

Outro ponto é que a facilidade do uso de um cartão de crédito, na realidade, se torna um complicador para o ato de poupar. O sujeito pensa:

O BÁSICO E NECESSÁRIO

Ah, tenho o cartão, então vou parcelar. Mas, ao fazer isso, como disse antes, dividindo uma compra em dez parcelas de 100 reais, precisamos ter claro em nossa mente que estamos falando de mil reais (ou mais, dependendo dos juros). Ao levar tudo isso em conta, pense comigo: será que não é melhor você comprar à vista aquilo que pode pagar em vez de se enfiar em parcelas para adquirir algo que não cabe no seu orçamento?

Certa vez, conheci uma moça que trabalhava como empregada doméstica e recebia um pequeno salário. No entanto, ao conversar com ela, soube que ela tinha a intenção de dar ao filho um brinquedo que custava cerca de 800 reais. Lembro-me de ter dito a ela: "Poxa, mas você vai gastar boa parte dos seus rendimentos nisso?". Em momentos como esse, devemos usar a razão e desenvolver o poder de dizer "não"! Com naturalidade, você deve pensar: *Não, eu não posso gastar com isso agora. Está tudo bem.*

Apesar de o pagamento poder ser parcelado, tenha sempre em mente de que o cartão de crédito pode se tornar uma bola de neve para as dívidas. Por isso, ==é sempre preferível você chegar na loja e pagar à vista pedindo desconto. Lembre-se sempre de que a loja quer vender para você. Aposte no seu poder de negociar.==

E, caso você tenha dívida de cartão de crédito com seu banco, também vale a pena negociar. Vá à agência, procure o seu gerente e use seu poder de persuasão. Se necessário, "chore" para ele entrar em um acordo. Por que digo isso? Assim como o lojista deseja vender, o banco quer receber aquilo que você deve. Por isso, às vezes estamos falando de uma dívida de 10 mil reais, incluindo os juros. Mas, se você chegar com 2 ou 3 mil reais para saldá-la à vista, consegue se ver livre dela.

De tempos em tempos, há o Feirão do Serasa, no qual também podem ser negociadas as dívidas. Há casos em que as empresas aceitam reduzir o montante para apenas 10% do valor original, porque o que interessa a elas é receber. O Serviço de Proteção ao Crédito (SPC Brasil) e muitos bancos também promovem iniciativas de renegociação de dívidas. Mas, claro, não é porque existem todas essas alternativas que você vai sair por aí comprando tudo e contraindo dívidas para falar: "Ah, depois eu dou um jeito". Tem muita gente que comete este erro. Sempre lembrando que dívidas significam juros.

==Sobre compras, eu tenho uma técnica que me ajuda muito. Quando quero comprar uma calça jeans, por exemplo, já sei a loja a que quero==

RUMO À RIQUEZA

ir e, ao entrar no shopping, vou diretamente até ela, sem ficar andando pelo local. Aliás, devo confessar que odeio shopping centers. Só vou até eles para frequentar um cinema ou para comer. Não gosto de ficar circulando pelos corredores de shoppings, *outlets*, nada disso. Portanto, se quero adquirir uma nova calça, eu já levo, em dinheiro, o valor para a compra. Antes de sair de casa, no entanto, já faço uma boa pesquisa de preços sobre o produto de que preciso e também levo um valor um pouco maior, para o caso de alguma eventual alteração.

Faço isso porque sei que, deste modo, não vou ultrapassar aquilo que me propus a gastar, aquilo que cabe no orçamento daquele período. É claro que o vendedor vai tentar me fazer comprar um casaco, um calçado e sei lá mais o quê. E, na hora da emoção, quando você está ali, diante da roupa se achando linda com ela, há o risco de você ir comprando, comprando e comprando. Portanto, do que estamos falando? De um trabalho de mentalidade. Uma vez mais, isso é ser racional, e não emocional. Por isso, o equilíbrio e a ponderação são fundamentais para poupar e fugir das dívidas.

O PODER DAS METAS

Estamos falando de pontos estratégicos, e penso que algo vital nesse sentido seja determinar os nossos objetivos e metas. Em primeiro lugar, esses dois conceitos não são a mesma coisa. Por exemplo, imagine que você determinou que, até o fim do ano, quer ter 20 mil reais. Isso é um objetivo. Mas como é que você vai alcançá-lo? Entram em cena as metas. Pense nelas como degraus que o levam até o seu objetivo. Considere que, para chegar aos 20 mil reais até o fim do ano, você terá que traçar dez passos e economizar 2 mil reais por mês. Com isso, poupará, no primeiro mês, 2 mil reais, e este é o passo dez; no segundo mês, economizará mais 2 mil reais, e é o passo nove. Depois vem o oito, o sete, o seis e assim por diante. Aí está o motivo pelo qual é tão importante traçar metas. Pessoas inteligentes fazem isso. Outro ponto importante é que elas devem ser factíveis, ou seja, precisam ser metas possíveis de serem atingidas. De nada adianta você colocar como meta economizar em um mês 10 mil reais se o seu salário não permite isso. Por se tratar de um valor alto,

O BÁSICO E NECESSÁRIO

inatingível, você vai acabar desistindo no meio do caminho e pode colocar seu objetivo em xeque. Neste caso, trata-se de algo muito parecido com o objetivo de alguém que queira emagrecer.

Suponha que você deseja perder 10 quilos. Se colocar na cabeça o número 10, certamente você vai ficar desanimado. No entanto, experimente mentalizar o número 2. "Vou emagrecer 2 quilos por mês." Com esta mudança sutil, certamente ficará mais fácil para você alcançar o seu objetivo. Portanto, você deve ter metas bem traçadas, que sejam factíveis, e anotá-las para que estejam sempre bem presentes na sua mente e integrem o seu dia a dia. Com isso, cada objetivo será apenas a consequência daquilo que você praticar diariamente. O resultado natural dos seus exercícios.

ATENÇÃO AO 13º SALÁRIO

Quando somos desorganizados em relação ao dinheiro, desperdiçamos excelentes oportunidades. É algo que ocorre com o 13º salário. Muita gente não entende o objetivo desse dinheiro que cai na conta e o trata como se fosse algo para gastar nas férias. O 13º salário, na verdade, é um dinheiro para ser poupado e ajudar na proteção em momentos de crise.

Se a pessoa souber administrar suas economias o ano inteiro, quando o valor chegar, ela estará tranquila. Caso queira viajar, pode dizer: "Meu ano inteiro foi de organização com as finanças, fui disciplinado, então, tudo bem, vou usar o 13º salário". Entretanto, se ela não fez o dever de casa, deve pegar aquela quantia para economizar e investir, pensando em multiplicá-la. A ideia é ficar protegido em caso de uma crise e também fazer o dinheiro crescer. Não é algo para você pegar e sair "torrando" por aí, em churrasco ou festa com a família ou com os amigos.

Nesse sentido, a pergunta básica que faço para as pessoas é a seguinte: você quer pagar juros ou receber juros do banco? Costumo brincar que existem aqueles que não querem estudar e preferem pagar juros. Eu, no entanto, acho muito mais inteligente receber juros do que ficar pagando juros a minha vida inteira, por isso invisto.

Digo mais, quem faz isso dorme em paz, pois fica tranquilo. A fortuna é fruto de preparação. Quando falamos de enriquecer, não estamos nos referindo somente ao dinheiro, mas também a tantas outras questões envolvidas. Não é um acontecimento. "Ah, aconteceu, fiquei rico." Não! É uma jornada. Portanto, você terá que fazer alguns sacrifícios, abrir mão de alguns prazeres momentâneos. Em vez de ficar pagando juros, por que não receber? Invista e receba para realizar todos os seus sonhos.

PENSE GLOBALMENTE

Em meus vídeos, eu sempre ressalto que, ao investir, as pessoas devem avaliar o cenário total, não somente do país, mas do mundo inteiro. Se isso sempre foi uma realidade, pudemos ver a partir de março de 2020, com a decretação da pandemia de covid-19, como estamos todos juntos e os impactos que um evento local podem desencadear no mundo todo. Muita gente parece não se dar conta, mas o que acontece nos Estados Unidos e na China tem muitos reflexos na economia do Brasil. Os impactos se estendem em vários níveis.

Portanto, não podemos somente olhar para o que acontece no Brasil, é preciso olhar para tudo. Para investir bem é preciso sempre olhar para os lados. As economias norte-americana e chinesa são as maiores do mundo. O dólar ainda é a moeda mais forte, por isso falo tanto sobre a importância de diversificar a carteira. O Brasil é um país maravilhoso, que tem investimentos bons, mas, para saber como selecioná-los, é necessário estudar.

Quer iniciar uma mudança? Então adote um exercício diário: leia e procure estar sempre por dentro das notícias. Escolha um jornal que seja uma boa fonte de informação para ler todos os dias. Estude o que está acontecendo no mundo. Com isso, você saberá como os acontecimentos podem influenciar o Brasil, que é um país que sofre muita instabilidade.

CRIE MAIS DINHEIRO

Estamos falando de ter uma organização financeira pessoal. Além de anotar seus gastos e dividir suas contas como aprendemos

O BÁSICO E NECESSÁRIO

anteriormente, costumo sempre aconselhar: pense em ter uma renda extra. Desafie-se: o que você pode fazer com seus talentos que pode render a você uma grana a mais?

Por exemplo, a Dercy trabalha na minha casa como empregada doméstica. Aos fins de semana, no entanto, havia anos que ela costumava fazer feijoada para a família. Em um momento em que estava precisando de dinheiro, ela se deu conta de que, por cozinhar bem, poderia conseguir lucrar com seu talento. O que quero frisar aqui é que ela foi lá e fez, o que é uma grande lição. Tenho um amigo que é taxista, o Alex, mas, por gostar muito de música e conhecer bem diversos estilos, também trabalha como DJ aos fins de semana. Portanto, é preciso pensar em rendas extras. Conheço inúmeros exemplos assim. Tenho também uma amiga que escreve superbem e que encontrou uma forma de ganhar dinheiro extra escrevendo conteúdo para blogs e sites.

Já uma outra amiga minha, que é modelo, quando viu que a receita do trabalho dela começou a reduzir drasticamente, não se abalou e identificou uma nova forma de ganhar dinheiro: passou a fazer doces para vender. Disciplinada, ela estudou e se planejou para cumprir todos os passos para que sua nova atividade desse certo. Começou um novo planejamento financeiro, reduziu custos fixos, aprendeu a viver um degrau abaixo do que poderia e utilizou uma rescisão contratual para investir em uma habilidade que ela já tinha, que era cozinhar. Começou de maneira pequena, na cozinha da casa dela. Investiu o pouco dinheiro que tinha no início em equipamentos e matéria-prima. Criou metas e objetivos para começar a atuar em uma área da qual ela gosta, na qual possui um talento específico, e logo conquistou uma renda extra. Também soube utilizar as redes sociais a seu favor para alavancar as suas vendas.

E você? O que sabe fazer bem e que tem potencial de se transformar em uma fonte de recursos? Você cozinha bem? Sabe fazer doces ou feijoada? Que tal vender no seu prédio, por exemplo? Ou talvez você escreva bem. Nesse caso, o que acha de se inscrever em algum blog ou aplicativo para produzir conteúdo? Há quem tenha facilidade para editar textos ou fazer desenhos, por exemplo. Uma vantagem dos meios digitais mais recentes é que eles permitem que você ofereça serviços como esses, e há muita gente precisando de um bom editor de textos ou desenhista para sites. Logo, você sempre precisa pensar além das atividades que já exerce e se perguntar: "O que é que eu faço bem?". Use isso a seu favor!

QUE TIPO DE INVESTIDOR VOCÊ É?

Agora vamos passar para outro tema de grande relevância. Temos falado sobre investimentos desde a primeira página deste livro. Mas será que você sabe qual é o seu perfil de investidor? Ou seja, você tem alguma ideia de como começar a procurar as aplicações mais indicadas para o seu caso? Se a sua resposta é "não", então venha com comigo que contarei tudo sobre isso. Afinal, a minha missão com este livro é fazer você se sentir seguro para investir e multiplicar seus recursos para conquistar aquilo que deseja.

Ok, mas por onde começar? Para saber qual é o seu perfil de investidor, primeiro você precisa ter bem claro quais são os seus objetivos com o dinheiro. Portanto, você precisa traçar isso com o máximo de detalhes. E por quê? Veja, vamos imaginar duas pessoas em realidades distintas. Uma delas almeja se casar daqui a três anos enquanto a outra considera fazer isso somente daqui a uns dez anos. Você concorda que são situações bem diferentes e que exigem planejamentos igualmente distintos?

Por exemplo, se você procurar os serviços de uma corretora de investimentos a fim de saber a melhor maneira de agir com os seus recursos, certamente as primeiras perguntas que vão fazer serão no sentido de compreender qual é o seu perfil. Afinal, o que elas precisam detectar é se estão diante de alguém com características mais conservadoras, moderadas ou agressivas. Mas, calma, vamos por partes.

Em relação a aplicações, o que significa possuir um perfil mais conservador? Significa ser um daqueles indivíduos que dizem: "Olha, não quero correr um risco tão grande. Prefiro ter meu dinheiro aplicado, mesmo que seja com juros menores, mas recebendo". Se fosse pensar em um ditado para eles, seria algo bem à moda antiga, como: "De grão em grão, a galinha enche o papo". Portanto, os planos de pessoas com esse perfil envolvem um período de tempo mais elástico, pois seus recursos vão aumentar mais lentamente.

O BÁSICO E NECESSÁRIO

Em contrapartida, existem indivíduos que pensam de maneira diferente no que se refere aos investimentos. Quem tem um perfil mais moderado, por exemplo, aceita correr um pouco de risco em troca de conseguir uma rentabilidade maior. Para essas pessoas, nem 8 nem 80. Se não têm "todo o tempo do mundo", como os conservadores, também não querem tudo "o quanto antes", como veremos com os mais agressivos. O caminho do meio, portanto, é o mais atraente na hora dos moderados pensarem em suas aplicações.

Por fim, há as pessoas que possuem um perfil mais agressivo. São sujeitos mais arrojados, que pensam da seguinte maneira: "Eu quero arriscar, porque quero ganhar dinheiro. Portanto, não me importo que o risco seja maior". A velocidade aqui é fundamental, algo completamente distinto dos conservadores e dos moderados.

==Mas é preciso ressaltar que não existe um perfil certo ou errado. Cada característica é mais ou menos adequada aos objetivos que foram traçados pela pessoa.== Lembre-se de que, quem quer se casar em três anos, precisa de uma organização financeira diferente da de quem programa um casamento para somente daqui a dez anos. Por isso, você precisa saber muito bem o que deseja para somente depois adotar esse ou aquele determinado perfil.

Quer outra razão para entender a relevância de tudo isso? Não canso de ver gente que, por não saber qual perfil é o mais adequado para sua realidade, se confunde e acaba metendo os pés pelas mãos com suas economias. Dou um exemplo: a partir de junho de 2019, o índice Bovespa, da B3, a bolsa de valores brasileira, registrou excelentes marcas e superou os 100 mil pontos.[45] Essa performance perdurou até março de 2020, incluindo o registro do recorde histórico até então, ocorrido no pregão de 23 de janeiro, quando alcançou o patamar dos 119.527 pontos. Diante disso, nesses meses, houve um aumento na procura por ações, com muita gente decidindo investir na Bolsa. Muita gente ali pensou: *Sou arrojado, quero buscar mais rentabilidade*.

No entanto, somente dois meses após aquele recorde histórico, em 23 de março de 2020, o IBovespa registrou 63.569 pontos, em uma queda vertiginosa sob os impactos diretos das incertezas com a pandemia de covid-19, que se alastrava pelo planeta. Com a queda nos preços dos ativos, o que

113

muitas daquelas pessoas fizeram? Entraram em desespero e passaram a vender tudo o que haviam adquirido. Portanto, elas achavam que tinham um perfil para correr riscos, mas, na realidade, não era bem assim.

Exatamente por isso, muitos especialistas alertam para que as pessoas tenham cuidado e até revejam seu perfil. ==É fundamental que você saiba isso para compreender quais investimentos são mais adequados para a sua realidade, o grau de risco que faz sentido para você etc.== Atualmente, existe uma infinidade de possibilidades de aplicações com características distintas, como as de renda fixa, CDBs, LCIs ou LCAs, por exemplo (veremos cada uma delas em detalhes mais adiante). Com taxas de juros mais baixas, temos investimentos que rendem menos, são pré-fixados, voltados a perfis mais conservadores.

No entanto, em muitos casos, é preferível ter um rendimento menor do que se arriscar na bolsa de valores sem saber o que você está fazendo ali. Portanto, uma vez mais, a chave é o autoconhecimento. Falo por mim. Tenho um perfil que pode ser considerado mais arrojado. Mas isso está ligado a alguns fatores. Por exemplo, eu já tenho uma boa reserva de emergência, o que me permite arriscar mais. Outro ponto é que estudo muito sobre o assunto, por gostar do tema e por obrigação profissional, claro.

Ao procurar uma corretora ou um banco para realizar aplicações, por exemplo, você descobrirá qual é o seu perfil investidor, pois a primeira coisa a ser feita é uma enquete para saber o que é importante para você e como isso se relaciona com cada tipo de investimento. *Suitability* é o termo em inglês utilizado no mercado financeiro e de capitais para compreender esse processo de adequação do investimento ao perfil de risco de cada investidor.

Mas, então, será que tudo isso significa que todas as pessoas que têm um perfil mais conservador automaticamente não podem investir na Bolsa? Não! Mais recentemente, fala-se justamente das mudanças de perfil ocorridas. Há pessoas que são conservadoras, mas querem começar a investir em ações. Buscam se informar, uma vez que almejam deixar a maior parte de seu dinheiro em aplicações que ofereçam menos riscos, mas, simultaneamente, têm a intenção de tentar um flerte com a bolsa de valores.

Observamos essa mudança de comportamento por meio do aumento da procura por ações. Em dezembro de 2020, o número de pessoas físicas com conta aberta na B3 chegou a 3,23 milhões. Deste total, 847 mil

O BÁSICO E NECESSÁRIO

eram mulheres, o equivalente a 25,97%, maior patamar na história da Bolsa brasileira. Apesar de ainda tímidos, quando comparados a outros países, estes números indicam que cada vez mais brasileiras e brasileiros estão estudando sobre ações e começando a aplicar nesta modalidade.[46] Fazem isso porque percebem que há retorno sobre tais investimentos. Considero tudo isso um bom sinal, pois indica maturidade de cada vez mais indivíduos.

Dessa forma, uma quantidade crescente de pessoas afirma que deseja começar na Bolsa. Ao mesmo tempo que isso é positivo, sempre faço um alerta: quer começar a aplicar em ações, perfeito, mas você tem a sua reserva de emergência, como falamos no Capítulo 4? Faço um paralelo com a construção de um prédio. Ninguém começa a erguer uma edificação pelo décimo andar, certo? É preciso começar pelas bases, os alicerces. Depois, você passa a levantar as paredes, conclui o primeiro andar, depois o segundo e assim por diante. Impossível dar certo de outra maneira. Da mesma forma, um bebê primeiro engatinha para, mais adiante, arriscar os primeiros passinhos. Neste aprendizado, ele cai incontáveis vezes.

Erra quem faz qualquer coisa diferente disso. É preciso ter alguma proteção antes de começar a se arriscar. Mas a ideia é desenvolver uma boa gestão para construir a reserva de emergência e, em paralelo, começar a aplicar recursos pensando no amanhã. A reserva protege você no presente, e os investimentos asseguram seu futuro.

Imagine que você decidiu sair de casa para um passeio ao ar livre, mas, no meio do caminho, olha para o céu e vê que nuvens se acumulam, anunciando um temporal. Ao olhar para todos os lados, nem sinal de um local em que você possa se abrigar do aguaceiro que se aproxima. Nesse instante, você precisa ter um guarda-chuva à mão. De nada vai adiantar conseguir um depois, quando estiver ensopado da cabeça aos pés. Com investimentos que oferecem riscos é igual.

QUAIS SÃO OS SEUS OBJETIVOS?

Afinal, o que você precisa saber e o que é imprescindível antes de começar a investir o seu dinheiro? Vamos lá, em primeiro lugar, quem quer investir tem que saber que há necessidade de poupar durante o

RUMO À RIQUEZA

mês, ter disciplina e constância para os aportes mensais, que são muito importantes para que os juros compostos passem a agir a seu favor.

Outro ponto que o investidor precisa saber é quais são os objetivos dele com o dinheiro. Você quer comprar uma casa, um carro ou buscar liberdade financeira? Para chegar a esta resposta devemos anotar todos os nossos objetivos. Por quê? Já falei antes, mas não custa repetir: é preciso ter tudo anotado, porque, do contrário, a gente esquece. O meu objetivo não é o mesmo das outras pessoas, cada um tem propósitos diferentes. Por isso não existe uma receita única.

E são esses objetivos que vão determinar qual tipo de investimento se encaixa melhor para cada caso. É importante saber isso porque há investimentos de curto prazo, o que os especialistas consideram até dois anos, enquanto outras aplicações são de médio prazo, de dois a cinco anos. Por fim, temos modalidades de longo prazo, acima de cinco anos.

Mas qual é a relevância de saber essas coisas? Veja, imagine um sujeito que tem por objetivo criar sua reserva de emergência, pensando em poupar para começar a investir. No entanto, essa pessoa decide, por exemplo, escolher ações e coloca todos os seus recursos nelas. Em um caso como esse, ela já errou, pois, pelas características dessa modalidade, como as oscilações, as ações não são um investimento adequado para criação de reserva. Imagine outra situação: um indivíduo que tem como objetivo viajar dali a três anos. Novamente, caso opte por investir em ações, estará agindo de maneira equivocada, uma vez que há aplicações mais vantajosas e adequadas ao seu objetivo, das quais falaremos adiante.

Assim, o perfil de investidor, como vimos anteriormente, será ponto fundamental de atenção para quando definir os seus objetivos. Já vimos que existem pessoas mais conservadoras, que não querem correr muito risco. Preferem manter o dinheiro delas rendendo menos, pois temem perdê-lo. Há outras que são moderadas. São indivíduos que aceitam correr um pouco de risco de perder, pois querem buscar rentabilidade. Por fim, há pessoas que são mais arrojadas, que aceitam correr risco à procura de ainda mais rentabilidade. A primeira coisa que você deve saber é qual o risco que você está correndo a fim de evitar problemas.

Se a pessoa tem perfil arrojado e, por exemplo, coloca suas economias na Bolsa, não terá problemas com isso. Já outra, com um perfil

O BÁSICO E NECESSÁRIO

mais moderado ou até conservador, caso opte pela Bolsa e ocorra uma queda, pode ficar desesperada. Conheço gente que, diante de uma baixa repentina, saiu vendendo boas ações que havia adquirido por estar com medo ou não ter caixa, não ter reservas. O maior erro é a pessoa querer começar pelo topo. Muitas vezes, não passou pela reserva de emergência ou por ativos de renda fixa e já buscou as ações.

Por tudo isso é que se fala em gestão de carteira. É vital que a pessoa saiba como está a carteira dela e como vem sendo administrada. Para que não seja exposta a apenas um tipo de ativo. Colocar todas as suas economias em somente uma cesta é um erro. O ideal é variar, porque, caso dê errado de um lado, você tem outras alternativas. Como tudo na vida da gente, aliás. Como tenho um perfil que pode ser classificado como de moderado para arrojado, costumo aceitar riscos que posso correr e sei que a Bolsa oscila tanto para cima como para baixo. O mercado é racional.

Portanto, a recomendação que dou a quem queira investir é: saiba o risco que você pode correr e estude o que está fazendo. Estudar aplicações não é sair fazendo tudo aquilo que estão dizendo para fazer. De cara, sou contra essa ideia de a pessoa entregar o peixe. Até porque, as pessoas são diferentes, e isso também vale para os investimentos.

Ainda sobre estudo de investimentos e tempo de dedicação ao tema, faço uma provocação. Quanto tempo um médico demora para aprender como realizar uma cirurgia no cérebro de alguém, por exemplo? Com toda certeza, ele precisa estudar muito, certo? Na verdade, vale para quem aprende a jogar xadrez, montar um cubo mágico ou qualquer atividade similar. É preciso estudar muito para dominar o assunto. Portanto, muitas vezes, com investimentos, não é diferente. Por isso, ressalto a importância da educação financeira em nossas vidas.

COMO USAR O CARTÃO DE CRÉDITO A SEU FAVOR

Vamos falar agora de um assunto muito importante: alguns erros que considero fatais e que você não deve cometer com o seu cartão de crédito. O primeiro erro que destaco é não conferir as taxas que vêm como anuidade

RUMO À RIQUEZA

do seu cartão. Este é um exemplo meu, pois já fiz isso no passado, mas hoje não faço mais. Um tempo atrás, eu tinha meu cartão de crédito e simplesmente não via a taxa de anuidade dele. Até que, um dia, peguei minha fatura do cartão de crédito e notei essa taxa.

Preste atenção e, de preferência, peça que cancelem essa taxa. Caso você não consiga se livrar dela no seu "bancão", saiba que existem instituições atualmente que disponibilizam cartão de crédito sem anuidade. Vamos fazer até um exercício para entender melhor isso. Vamos supor que você pague mensalmente 15 reais de taxa. Portanto: 15 × 12 = 180. Economizar 180 reais por ano é bastante, já dá para fazer um belo investimento de fim de ano, por exemplo. Por isso, confira a taxa de anuidade.

O segundo erro é não ficar atento aos gastos dos dependentes do seu cartão. Quando você tem uma família, todo mundo tem que cooperar. Vou contar um caso meu. A minha mãe tem um cartão de crédito adicional do qual eu sou titular. Um dia, eu fui para Natal para passar férias, dar uma relaxada, andar de *buggy*. Estava lá, descansando, quando tocou meu telefone, e era o gerente do "bancão" ligando

Quando a fatura do cartão aumenta drasticamente, o banco geralmente faz um alerta. Minha mãe, dona Conceição, a quem amo demais havia gastado simplesmente 11 mil reais em uma loja que vende materiais de construção, decoração, iluminação, entre outros itens. E parcelou tudo no cartão. Ela comprou tudo o que viu na loja. Por isso, meu gerente me ligou para perguntar se estava permitido que minha mãe gastasse aquele valor no cartão. Portanto, é preciso conversar em família e ajustar os ponteiros para não entrar em dívidas.

O terceiro erro é não anotar os gastos do cartão de crédito. Vou dar um exemplo positivo do que a minha mãe faz. Apesar de ela ter me dado esse susto do cartão, ela faz coisas muito boas. Ela tem o costume de anotar em um caderno todos os gastos que tem com o cartão. Por exemplo, "gastei 50 reais no salão" ou "gastei 100 reais no *pet shop*". E vai somando tudo. Por que isso é importante?

Se você chega na metade do mês e percebe que já gastou um valor, vamos supor, 500 reais, intuitivamente já pensa: *Opa, não posso gastar mais, pois estou passando do meu limite*. Você vai segurar a sua onda. O cartão de crédito não é um dinheiro seu. Quando você está

O BÁSICO E NECESSÁRIO

comprando, acha que é seu, mas não é. Cartão de crédito é um dinheiro que o banco lhe empresta. E, se não pagar, o banco vai vir atrás de você com juros estratosféricos.

O quarto erro é usar o cartão em vez de pagar em dinheiro à vista e pedir desconto. Já falamos sobre isso e você sabe que precisa mudar esse hábito caso não peça desconto em suas compras!

O quinto erro é ter medo de ver a conta do seu cartão de crédito. Você vai ter que olhar a sua fatura e saber quanto gastou e no que gastou. Ter consciência de que terá que pagar aquela dívida. Não fuja da fatura. Certa vez, ouvi de uma amiga: "Nem olho a fatura do meu cartão de crédito. Vai descontando da minha conta, e eu nem olho". Lembro-me de que pensei: *Como assim?* Não tenha medo de olhar a conta do cartão. Você vai ter que olhar. Não adianta pegar o boleto e esconder debaixo do colchão. Ele vai vir atrás de você de algum jeito.

É preciso entender que o cartão de crédito, por si só, não é herói nem vilão. Como reforcei ao longo do capítulo anterior, é preciso mudar a mentalidade a fim de substituir hábitos nocivos em relação ao dinheiro. Por estar até aqui nessa jornada comigo, tenho certeza de que você já está fazendo isso. E que vai prosperar. Ufa! Foram vários puxões de orelha, mas, acredite, com a melhor das intenções. Prometo pegar mais leve no próximo capítulo. Aliás, vejo você lá.

HORA DE APRENDER DE VEZ SOBRE INVESTIMENTOS

Fala

, meu amor! A reta final se aproxima, mas acredite, há ainda muito a ser visto até a linha de chegada. Tenho muitas dicas e orientações para compartilhar contigo a fim de que você possa começar a investir o seu dinheiro, pelo seu futuro e pelo de sua família. Nas próximas páginas, quero falar sobre os primeiros passos de um investidor. Para isso, quero apresentar a você uma série de termos que são fundamentais para que você aplique suas economias da maneira mais correta. Vem comigo!

SELIC, A TAXA-MÃE

Para avançarmos de fase no que se refere aos investimentos, devo compartilhar com você uma série de termos que são elementares para entender o universo das aplicações. Por exemplo, você já deve ter escutado muito sobre a taxa Selic, que ela aumentou ou baixou e que, em fevereiro de 2021, enquanto escrevo este livro, está a 2% ao ano.[47] Mas será que você sabe o que ela significa? A Selic é a taxa-mãe, podemos dizer assim. Trata-se da taxa básica de juros da economia.

|121

RUMO À RIQUEZA

Ela é um dos fatores que influenciam na taxa cobrada para empréstimos, para ficar em apenas um exemplo. Isso quer dizer que, quando ela está em um patamar mais baixo, empresas e pessoas costumam conseguir empréstimos com valores mais acessíveis do que quando ela está mais alta. O responsável pela definição da taxa é o Comitê de Política Monetária (Copom) do Banco Central, instituído em 1996.[48] Em reuniões que costumam ocorrer a cada mês ou em intervalos de até dois meses, seus integrantes decidem qual será a taxa de juros básica da economia pelo próximo período.

Trata-se de um assunto muito importante, com ampla divulgação da imprensa, por exemplo, uma vez que muitos investimentos são atrelados à taxa Selic. Acompanhar seus movimentos e as reuniões do Copom é portanto, algo que todo investidor deve fazer. Por quê? Os movimentos de alta dessa taxa podem indicar que existe algum desequilíbrio econômico.

A Selic é o principal instrumento de política monetária utilizado pelo Banco Central (BC) para controlar a inflação. Ela influencia todas as taxas de juros do país, como as dos empréstimos, dos financiamentos e das aplicações financeiras. Quando a taxa Selic sobe, isso desestimula o consumo e favorece a queda da inflação. Em contrapartida, quando ela cai, o consumo é estimulado.

Por vezes, você escuta que a inflação dos alimentos subiu, por exemplo. Ou, se vai ao supermercado, percebe que o arroz, o feijão, a carne ou o tomate aumentaram muito de preço. Quando isso ocorre, há uma preocupação por parte do governo em evitar que a economia se desequilibre, o que pode gerar uma crise até maior. Com isso, o Copom pode aumentar a taxa Selic a fim de controlar a alta de preços. A definição da taxa, sendo aumentada ou reduzida, serve para buscar tal equilíbrio da economia.

CDI

Seguindo pelos termos mais importantes para que você, meu querido leitor, se torne um grande investidor, vamos falar do CDI, o Certificado de Depósito Interbancário. Trata-se de uma taxa que os bancos utilizam nas transações entre eles. Imagine que, ao fim de cada dia, os bancos precisam fechar com um saldo positivo. Para que isso ocorra, muitas vezes o banco

HORA DE APRENDER DE VEZ SOBRE INVESTIMENTOS

A precisa pegar dinheiro emprestado do B. A taxa de juros utilizada é a do CDI, que, historicamente, é sempre um pouco menor do que a taxa Selic.

Por exemplo, em janeiro de 2021, a Selic estava em 2% ao ano,[49] e o CDI, em 1,90% ao ano.[50] Assim como ocorre com a Selic, há investimentos que são atrelados à taxa do CDI. Aliás, um parêntese: é incorreto afirmar que investiu em CDI ou em Selic. Na verdade, as pessoas têm alguma aplicação que está atrelada a uma dessas taxas.

FGC

Outra trinca de letrinhas que quero te apresentar é o FGC, ou Fundo Garantidor de Créditos.[51] Criado em 1995, o Fundo é uma associação civil que age de modo preventivo para garantir um funcionamento fluido e harmônico de todo o sistema bancário e financeiro. Para depósitos à vista e alguns tipos de investimento de baixo risco, o Fundo oferece uma garantia ordinária no valor de até 250 mil reais por CPF ou CNPJ para o caso de o banco ou a corretora em que a pessoa tem aplicações quebrar. Assim, caso ocorra falência da organização, a pessoa terá o direito de receber esse valor pelo FGC. É importante ressaltar que essa garantia não está disponível em todos os bancos – alguns bancos digitais não fazem parte do FGC, por exemplo. O fundo também cobre apenas alguns tipos de aplicação bancária de baixo risco e geralmente de baixo rendimento: depósitos à vista, depósitos na poupança, CDBs, RDBs (recibos de depósitos bancários), LCIs (letras de crédito imobiliário), LCAs (letras de crédito do agronegócio), LCs (letras de câmbio) e LHs (letras hipotecárias). Se esse monte de nomes parecer confuso, não se preocupe: vamos conhecer mais sobre eles mais adiante neste capítulo.

INFLAÇÃO/IPCA

As pessoas têm muitas dúvidas e sempre me enviam perguntas sobre a inflação, pois ela tem impactos nos seus investimentos, está no nosso dia a dia, nos produtos. É como se fosse um fantasminha que está

RUMO À RIQUEZA

sempre correndo atrás de você. Mas o que ela é? Segundo o que o próprio IBGE nos traz, "inflação é o nome dado ao aumento dos preços de produtos e serviços e é calculada pelos índices de preços, em geral, chamados de índices de inflação".[52]

O Instituto Brasileiro de Geografia e Estatística (IBGE) produz dois dos mais importantes índices de preços: o IPCA, considerado o oficial pelo governo federal, e o INPC. O propósito dos dois índices é idêntico: medir a variação de preços de uma cesta de produtos e serviços consumida pela população. O resultado mostra se os preços aumentaram ou diminuíram de um mês para o outro.

A cesta é definida pela Pesquisa de Orçamentos Familiares (POF) do IBGE, que, entre outros pontos, verifica o que a população consome e quanto do rendimento familiar é gasto em cada produto ou serviço: arroz, feijão, passagem de ônibus, material escolar, consultas médicas, cinema, entre outros. Portanto, o IPCA e o INPC levam em conta não apenas a variação de preço de cada item, mas também o peso que ele tem no orçamento das famílias. Falaremos a seguir sobre a diferença entre eles.

Além do IBGE, outras instituições produzem índices de inflação. Um dos mais importantes é o Índice Geral de Preços do Mercado (IGP-M), calculado pela Fundação Getulio Vargas (FGV). Ele é formado por três índices diversos que medem os preços por atacado (IPA-M), ao consumidor (IPC-M), e de construção de imóveis (INCC). Em geral, o IGP-M é usado para contratos de aluguel, seguros de saúde e reajustes de tarifas públicas.

QUAL É A DIFERENÇA ENTRE O IPCA E O INPC?

A sigla INPC corresponde a Índice Nacional de Preços ao Consumidor. A sigla IPCA, por sua vez, corresponde a Índice Nacional de Preços ao Consumidor Amplo. A diferença entre elas está no uso do termo "amplo". O IPCA engloba uma parcela maior da população. Ele aponta a variação do custo de vida médio de famílias com renda mensal entre um e quarenta salários mínimos.

HORA DE APRENDER DE VEZ SOBRE INVESTIMENTOS

O INPC verifica essa mesma variação, porém apenas de famílias com renda mensal entre um e cinco salários mínimos. Esses grupos são mais sensíveis às variações de preços, pois tendem a gastar todo o seu rendimento em itens básicos, como alimentação, medicamentos, transporte etc. O governo federal, como dito anteriormente, usa o IPCA como o índice oficial de inflação do Brasil. Portanto, é ele que serve de referência para as metas de inflação e para as alterações na taxa de juros.

Para calcular os índices, o IBGE faz um levantamento mensal, em treze áreas urbanas do país, de cerca de 430 mil preços em 30 mil locais. Todos esses preços são comparados com os do mês anterior, resultando em um único valor que reflete a variação geral de preços ao consumidor no período.

PODER DE COMPRA

Vou te dar um exemplo do que é a inflação e o que ela faz com o seu dinheiro. Vamos supor que você tenha 100 reais no dia 1º de janeiro de determinado ano, valor que você ganhou de alguém. No dia 31 de dezembro desse mesmo ano, o Ministério da Economia anuncia que a inflação do período foi de 20%. O que acontece com o seu dinheiro? Você colocou aqueles 100 reais na gaveta, eles continuam lá, mas, ao fim de doze meses, a inflação fez com que você tivesse um menor poder de compra. Por quê? Porque o seu dinheiro desvalorizou com o aumento da inflação, isto é, no começo do ano, com 100 reais, você conseguia comprar um determinado produto, que agora, com os 20% de inflação, passou a custar 120 reais, e você não conseguirá mais comprá-lo com o valor guardado. Esse é o poder de compra.

Um exemplo prático. Imagine alguém que receba um salário mensal de mil reais e tenha um aumento de 10% em seus ganhos. Com isso, passa a receber 1.100 reais mensais. Feliz com o aumento, a pessoa decide comprar um bem (uma máquina de lavar roupas nova, por exemplo) que custava mil reais. Ele pensa: *Vou conseguir comprar esse item e ainda sobrarão 100 reais.* Porém, digamos que nesse período, principalmente devido à inflação, a loja tenha aumentado em 15% o preço final. Logo, a máquina agora custa 1.150 reais, fazendo com que, mesmo com um

|125

aumento de salário, o seu poder aquisitivo diminua, e ele precise rever as suas contas.

Por isso, é muito importante que você saiba o que é inflação, como ela influencia nos preços dos produtos, nos seus investimentos e no seu poder de compra. Tudo isso faz diferença na conta final!

TÍTULOS DO TESOURO

Sempre falo muito em meus vídeos sobre o Tesouro Selic e acho importante você saber mais sobre este tipo de investimento, assim como dos outros títulos do chamado Tesouro Direto. Em primeiro lugar, uma explicação: as pessoas confundem o título do Tesouro Direto com o próprio Tesouro Direto. E qual é a diferença entre eles? O Tesouro Direto é um programa do Tesouro Nacional desenvolvido em parceria com a B3, a bolsa de valores brasileira, com o objetivo de vender títulos públicos federais para pessoas físicas de maneira 100% on-line. Já os títulos públicos funcionam como o meio pelo qual o governo pegará o seu dinheiro emprestado. Explico: pelo programa, na prática, a pessoa empresta dinheiro para o governo federal. Você compra títulos do governo, e este, por sua vez, devolve esse valor com juros.

Por mais incrível que possa parecer, o governo é o melhor pagador do país. Até porque, se o governo quebrar, significa que todo o resto já entrou em colapso antes. Criado com o objetivo de ampliar o acesso aos títulos públicos, o programa foi lançado em 2002 e surgiu permitindo aplicações a partir de 30 reais.

Por tudo isso, dentre as alternativas existentes, certamente há um título mais indicado para realizar seus objetivos. Além de acessível e de apresentar opções de investimento, o Tesouro Direto oferece boa rentabilidade e liquidez diária – isto é, você pode resgatar o valor investido e seus rendimentos a qualquer momento –, mesmo sendo considerada a aplicação de menor risco do mercado.

Por suas características, por exemplo, o Tesouro Selic, que é apenas uma das modalidades de título do Tesouro Direto, é muito utilizado para a formação da reserva de emergência. Entre outros pontos, isso se deve ao fato de ele estar atrelado à taxa Selic e oscilar menos do que investimentos

HORA DE APRENDER DE VEZ SOBRE INVESTIMENTOS

de renda variável. Além disso, quando você pede o resgate do dinheiro, o valor fica disponível apenas um dia depois. Ou seja, é o ideal para ter um dinheiro rápido.

Quer saber outras vantagens desse título para reserva de emergência? Para começar, ele rende 100% da taxa Selic, ou seja, mais do que a poupança, que rende apenas 70% da taxa de juros. Outro ponto é que o título começa a render no dia em que você o compra. Para começar a aplicar, há um investimento mínimo que, em fevereiro de 2021, era de 107,26 reais.[53] E, caso você venda seu título, vai incidir sobre ele o Imposto de Renda, segundo a tabela regressiva (abaixo). Trata-se de um investimento que pode ser resgatado em caso de um imprevisto, ainda que haja alguma perda. Lembre-se: quanto mais tempo o dinheiro ficar investido, menos você perde quando for sacar.

A tabela regressiva indica as alíquotas do IR incidentes sobre um investimento. Na maioria das aplicações, o investidor precisa pagar esse imposto, sendo que tal cobrança pode ser sobre o lucro ou sobre o total, como no caso da previdência. No caso da tabela regressiva, quanto mais tempo o dinheiro ficar aplicado, menor será o percentual do imposto a pagar. Por exemplo, em determinadas aplicações, se o investidor sacar o dinheiro dele em 180 dias, pagará 22,5% sobre os lucros. Dessa forma, se você investiu 200 reais no Tesouro Selic e até o fim do ano acumulou 210 reais, você pagará 22,5% sobre 10 reais, ou seja, seu lucro. Nesse exemplo, seriam cobrados R$ 2,25.

PRAZO	ALÍQUOTA DE IR
Até 180 dias	22,5%
De 181 a 360 dias	20%
De 361 a 720 dias	17,5%
Acima de 720 dias	15%

Mais um exemplo: imagine que seu carro quebrou de repente e você precisa de dinheiro rápido. Em um caso como esse, você pode usar tranquilamente o Tesouro Selic, uma vez que a incidência do IR não é sobre o montante, mas apenas sobre o que a sua aplicação rendeu. É importante reforçar essa informação, pois muita gente confunde isso.

RUMO À RIQUEZA

Uma dica adicional é que as pessoas devem evitar resgatar valores investidos no Tesouro Selic antes de trinta dias da aplicação, quando é cobrado o IOF (Imposto sobre Operações Financeiras). A alíquota de IOF varia de acordo com o número de dias que o dinheiro do investidor permaneceu aplicado, começando em 96%, se o resgate ocorrer no primeiro dia, regredindo dia após dia, até alcançar 3% no 29º dia, e zerar no 30º. Os investimentos com prazo superior a trinta dias são isentos da cobrança de IOF. Ou seja, o investidor que deixar o dinheiro aplicado no Tesouro Direto por menos de um mês deve saber que terá que pagar IOF.

O Tesouro Direto tornou-se uma alternativa de investimento ao oferecer títulos com prazos de vencimento variados, fluxos de remuneração distintos e tipos de rentabilidade também diferentes.[54] Veja cada um deles:

TESOURO PREFIXADO São títulos com taxa de juros fixa, ou seja, você já a conhece no momento da aplicação e sabe exatamente o valor que receberá ao fim, no vencimento do título. Nesse título, você encontrará a indicação de investimento para metas de médio e longo prazo, segundo os especialistas.

TESOURO SELIC Com rentabilidade atrelada à taxa Selic, são títulos pós-fixados indicados para quem quer começar a investir no Tesouro Direto. Entre as vantagens está o fato de ser adequado para a criação da reserva de emergência. É voltado para objetivos de curto prazo e, dentre os títulos, é aquele que possui o menor risco em caso de venda antecipada.

TESOURO IPCA+ Lembra-se do IPCA, sobre o qual falamos algumas páginas atrás? O Tesouro IPCA possui rentabilidade atrelada à inflação e, como o nome indica, é medido pelo índice IPCA. Ele oferece rendimento igual à variação da inflação mais uma taxa prefixada de juros, e, por isso, sua vantagem é que garante uma rentabilidade sempre acima da inflação. Trata-se de um título indicado para investimentos de longo prazo.

Portanto, os títulos do Tesouro Nacional podem ser considerados os investimentos mais seguros do país, uma vez que são mantidos pelo governo federal, o que garante solidez e assegura que o pagamento será feito. Diante de uma taxa básica de juros mais baixa, os títulos rendem apenas um pouco mais do que a poupança, o que não é muito.

"[...] É MUITO IMPORTANTE QUE VOCÊ SAIBA O QUE É INFLAÇÃO, COMO ELA INFLUENCIA NO PREÇOS DOS PRODUTOS, NOS SEUS INVESTIMENTOS E NO SEU PODER DE COMPRA."

@caroldias

RUMO À RIQUEZA

Aqui precisamos falar de "juros reais negativos".[55] Mas como assim? Devemos entender que uma aplicação na poupança rende 70% da taxa Selic (2% ao ano em fevereiro de 2021) + uma TR (taxa referencial), que está zerada há muito tempo.[56] Neste cenário, considere que o IPCA fechou 2020 em 4,5% no acumulado anual. Isso significa que o rendimento da poupança e até o rendimento do Tesouro Selic ficaram abaixo da alta dos preços. Ou seja, apesar de ganhar (pouco) dinheiro com a aplicação, a pessoa perdeu poder de compra.

Mas, de volta ao Tesouro Direto, você deve saber que as aplicações e os resgates podem ser feitos nos dias úteis em horário comercial, ou seja, das 9h30 às 18h, com os preços e taxas operados no momento da transação.[57] Não funciona aos fins de semana, portanto, se você quiser resgatar seu dinheiro em um sábado ou domingo, não consegue. É preciso entender tudo isso antes de investir.

"Ah, Carol, mas e se eu precisar pagar uma comida ou for ao shopping em um sábado e precisar de 50 reais?" Bom, nesse caso, deixe na poupança, porque ali você pode sacar no fim de semana. Mas, se estamos falando de um valor maior, por exemplo, 2 mil reais, a caderneta já não é uma boa opção, pois vai render pouquíssimo e tem "apanhado" da inflação. Logo, para algumas situações, como a quebra de um carro, por exemplo, melhor resgatar do Tesouro do que manter o valor na poupança.

Outra vantagem do Tesouro é que, como já disse, se você vender o título hoje, amanhã o valor estará disponível na sua conta e você poderá utilizá-lo. Por isso digo que é indicado para reserva de emergência. Trata-se de uma aplicação que oscila menos por acompanhar a taxa Selic e tem uma boa liquidez, ou seja, você faz o saque e não precisa ficar esperando. Não dá para colocar sua reserva em ações, por exemplo.

Sempre lembrando da importância de se ter reservas, algo de que todo mundo precisa. Você já parou para pensar o que segura as grandes empresas? Seja a Magalu, a Microsoft, a Apple, a Vale ou a Ambev, todas elas têm caixa. Se as maiores empresas do planeta possuem caixa para conseguirem avançar em meio a crises e oscilações do mercado, por qual razão com você ou comigo, meros mortais, seria diferente? Ter reservas, portanto, é um passo importante. Mas muita gente ainda erra nisso.

HORA DE APRENDER DE VEZ SOBRE INVESTIMENTOS

NOVA POUPANÇA: TODA A VERDADE REVELADA

Infelizmente, muitas pessoas no Brasil ainda deixam o dinheiro delas na poupança. E isso é preocupante. Existem aqueles que afirmam ter medo de investir em outras aplicações, e há quem ainda ache que a chamada "nova poupança"[58] rende dinheiro. Mas basta fazer uma conta para verificar que ela rende menos que diversos outros investimentos que estamos vendo aqui, por exemplo.

Vamos fazer uma comparação. Como mencionei, enquanto escrevo este capítulo, em fevereiro de 2021, a nova poupança está rendendo 70% da taxa Selic + uma TR (taxa referencial), que está zerada.[59] Isso nos mostra que a poupança até poderia ser um investimento mais atraente no passado, com a taxa Selic mais alta, contudo, com índices mais baixos temos também rendimentos mais baixos. E isso faz diferença. Para qualificar as possibilidades e decidir o que fazer com o seu dinheiro, cabem muita avaliação e muito estudo, pois sabemos que sim, existem investimentos com rendimentos mais altos, entretanto alguns brasileiros ainda preferem deixar as economias nessa modalidade por apresentar algum tipo de segurança e praticidade das transações, afinal, sua poupança geralmente está atrelada à sua conta bancária principal, o que facilita o investimento e o resgate do dinheiro que está ali de maneira rápida e prática. No entanto, ela só traz alguma rentabilidade se o dinheiro ficar depositado por um prazo muito longo, e mesmo assim tende a ser abaixo da inflação.

Outras tantas pessoas ainda preferem deixar o dinheiro rendendo lá por não conhecerem outros tipos de investimento que passam segurança e conforto, e você agora, caro leitor, poderá analisar isso com mais calma para decidir onde deixará o seu dinheiro aplicado. Quando fazemos um comparativo entre poupança e Tesouro Selic, por exemplo, temos dois investimentos de renda fixa que simbolizam conforto, segurança e praticidade, contudo, uma das diferenças é que, quando você compra um título público, o seu dinheiro passa a render imediatamente. Já na poupança, ele só vai render um mês após ter sido aplicado.

Por fim, vale ressaltar que todas essas questões precisam ser levadas em conta na hora de decidir onde seu dinheiro renderá. As informações

RUMO À RIQUEZA

estão aqui e em diversos lugares para que você estude, se organize e tome a melhor decisão.

RESERVA DE EMERGÊNCIA

No Capítulo 4, expliquei sobre a importância da reserva de emergência e falei sobre como você deve calcular o valor que precisa ter guardado. Agora é hora de falarmos sobre como investir esse dinheiro.

Por se tratar de uma reserva que você terá para períodos difíceis, é um dinheiro que deve estar bem protegido, portanto, na renda fixa. Nas páginas 135 a 137, vamos falar mais sobre qual é a diferença entre renda fixa e renda variável, entretanto, é preciso que você já tenha em mente que sua reserva de emergências precisa ser preservada. Neste caso, o objetivo não é buscar uma maior rentabilidade. Tem gente que erra e pensa: *Ah, mas eu quero ter uma boa rentabilidade na minha reserva de emergência.* Não, isso simplesmente não existe. Em geral, estamos nos referindo a investimentos mais conservadores, como o Tesouro Selic, um CDB de liquidez diária com rendimento acima de 100% do CDI e outros que veremos mais detalhadamente adiante. Portanto, deve ser um lugar mais "seguro", que oscile menos, pois acompanha a taxa Selic ou o CDI.

Dessa forma, não se deve ter os recursos destinados à reserva de emergência na renda variável, como na Bolsa, por exemplo, que pode enfrentar períodos de baixa e tem papéis que sobem e descem o tempo todo. Também é preciso que seja uma aplicação de fácil liquidez, isto é, da qual você possa resgatar o dinheiro com mais facilidade. Imagine, por exemplo, um acontecimento inesperado, como um reparo urgente que é necessário fazer no lugar em que você mora. Em uma situação como essa, você não vai tirar recursos de um investimento cujo vencimento é para daqui a sessenta dias, certo? Se fizesse algo assim, correria o risco de perder dinheiro na hora de sacar.

Do mesmo modo, você não vai tirar seus recursos de uma ação que esteja valendo, no momento, menos do que você pagou quando a adquiriu. Por tudo isso, antes de mais nada, você deve dividir os seus investimentos de acordo com suas metas e anotar quais são esses objetivos, pensando sempre que é preciso, sim, ter uma reserva de emergência para situações complicadas que precisam de resgate rápido. Para a sua reserva é possível, por exemplo, que você opte por colocar mensalmente uma parte das suas economias em um investimento de curto prazo; assim, seu dinheiro estará protegido e você poderá contar com ele nas adversidades.

Assim, meu conselho é que você faça a sua reserva de emergência como aprendemos e reserve esse dinheiro para investimentos mais conservadores, pois são eles que garantirão estabilidade em momentos de crise.

CDB[60]

Seguindo na nossa trilha das letrinhas que vão te levar à riqueza, o CDB, ou Certificado de Depósito Bancário, é o nome dado ao empréstimo que você faz aos bancos, e estes, por sua vez, devolvem esse valor para você com juros. Isso mesmo! Assim como investir no Tesouro Direto significa emprestar dinheiro ao governo, quem compra CDBs empresta dinheiro aos bancos para que eles possam conceder empréstimos a terceiros. Isso mesmo, ao pegar um empréstimo com o banco, você está possivelmente recebendo dinheiro de alguém que investiu em um CDB e receberá juros sobre o montante total.

Por suas características, os CDBs são amplamente utilizados nas reservas de emergência, por exemplo. Mas você deve ficar atento, pois, para este fim, é preciso que seja um CDB de liquidez diária. "Ai, Carol, mas como vou saber isso?", você pode me perguntar. Calma! Na hora de pesquisar sobre um CDB específico, você conseguirá encontrar em sua corretora a informação que diz se é uma aplicação de liquidez diária, ou seja, se você poderá sacar o dinheiro a qualquer momento, sem pagar uma multa por retirar antes de um prazo determinado.

Um exemplo: em 2020, existiam CDBs prefixados para cinco anos com rendimento de 8% ao ano. Lembrando apenas que só é possível obter o valor total do rendimento ao manter o dinheiro aplicado até o vencimento. Portanto, cuidado, porque muita gente esquece de olhar a liquidez do investimento, comete o erro de resgatar antes disso e perde dinheiro.

É bom ressaltar que, assim como em muitos tipos de investimento, existem CDBs bons e ruins. E por quê? Porque a rentabilidade varia de um

RUMO À RIQUEZA

para outro e o vencimento também – e você deve verificar isso antes de colocar o seu dinheiro lá. O indicador mais comum para os CDBs pós-fixados, por exemplo, é a taxa do CDI, principal referência de rentabilidade da renda fixa. Em geral, a remuneração é apresentada como um percentual do CDI. Em um CDB com remuneração de 100% do CDI ao ano, por exemplo, o investidor vai ganhar 100% do que render o CDI ao longo de um ano. A mesma lógica funciona para um papel que pague 80% ou 120% do CDI.

Portanto, você deve sempre checar qual será o rendimento antes de investir. Quanto maior a porcentagem do CDI, mais vantajoso, claro, é o CDB. Costumo dizer que, para a reserva de emergência, o CDB tem que render, no mínimo, acima de 100% do CDI. Se for menos que isso, já não serve. Existem vários tipos de CDBs, cada um deles com uma rentabilidade distinta e com características bem particulares. Os mais comuns são:

PREFIXADO Por ser um investimento com índice prefixado, o investidor consegue calcular a remuneração exata que receberá até o vencimento no momento da aplicação, uma vez que a taxa está fixada no momento da aplicação. Isso significa que, se temos um CDB prefixado com taxa de 7% ao ano, saberemos que essa será a remuneração pelo período completo até o vencimento do investimento.

PÓS-FIXADO Considerado como um dos mais comuns nas modalidades de CDB, nesse caso o investidor adquire o investimento sabendo qual indicador servirá de referência para a rentabilidade desde o momento da aplicação. Entretanto, vale ressaltar aqui que isso não significa que você saberá o valor total de retorno em reais, afinal, se estamos falando de indicadores que podem variar, o retorno seguirá a mesma premissa e terá uma variação de acordo com o indicador definido.

CDB ATRELADO À INFLAÇÃO (HÍBRIDOS) A remuneração destes CDBs é uma mistura das estruturas do prefixado e do pós-fixado. Mas o que isso significa na prática? São investimentos que oferecem como retorno uma parcela prefixada (7% ao ano, por exemplo) e outra pós-fixada (variação da inflação, medida pelo IPCA ou pelo IGP-M).

A escolha da melhor alternativa varia segundo as características e os objetivos de cada investidor. CDBs híbridos são, em geral, voltados para investidores preocupados em preservar o patrimônio no longo prazo. Já os prefixados são considerados alternativas mais estáveis, já que você investe sabendo o seu ponto de retorno e o que receberá ao final. Os pós-fixados também são ótimas opções para quem conhece os indicadores e está familiarizado com suas oscilações.

E, como já citamos, uma das indicações para a reserva de emergência é o CDB de liquidez diária. Ao ter um problema e precisar sacar o dinheiro, você pode fazer isso imediatamente? Sim, mas saiba que é uma retirada que paga Imposto de Renda seguindo a tabela regressiva (na página 127), só que apenas sobre o rendimento, e não sobre o montante. Um alerta: ao procurar um CDB de liquidez diária, muito cuidado com quem oferece uma rentabilidade absurda. Verifique SEMPRE o banco ou a corretora.

Algumas vezes, vejo quem anuncie CDB com rendimento de 130% de CDI. Diante de algo assim, será que você deve fechar negócio? Calma, há questões a serem levadas em consideração aqui. Por exemplo, pode ser que o banco esteja mal das pernas. Por isso, é sempre bom olhar. "Mas, Carol, isso significa que vou perder meu dinheiro se o colocar ali e o banco for à falência?", você pode me perguntar. Não. Lembra do FGC (Fundo Garantidor de Créditos)? O valor total coberto pelo FGC é limitado ao teto de 250 mil reais por CPF/CNPJ em cada instituição financeira, com um limite de 1 milhão de reais renovado a cada quatro anos. Ou seja, o FGC deixa o seu dinheiro seguro com esse limite de valor desde que esteja dividido em instituições diferentes e o valor pode ser renovado a cada quatro anos. Dessa forma, se um investidor tiver 150 mil reais investidos em um CDB do banco X por meio de uma corretora e outros 200 mil reais via outra corretora, porém do mesmo banco X, e houver falência da instituição financeira, ele só terá direito a receber o total de 250 mil reais do FGC.[61]

É por isso que digo para todos os meus alunos: procure, pesquise, estude e vá atrás. Existem CDBs excelentes para você nesse mercado.

RENDA FIXA E RENDA VARIÁVEL[62]

Quando o assunto é investimento, as pessoas fazem confusão em relação aos conceitos de renda fixa e renda variável. Muita gente tem em mente

RUMO À RIQUEZA

que renda fixa é aquela em que você já sabe quanto vai render no fim do investimento, e a renda variável, como o nome diz, varia. Não! Não é isso. As aplicações em renda fixa são aquelas em que você empresta seu dinheiro para bancos, o Tesouro Nacional, instituições financeiras, empresas etc. Embora a remuneração ou sua forma de cálculo seja previamente definida no momento da aplicação, a rentabilidade pode mudar por estar relacionada a taxas, como no caso da Selic, que pode ser alterada ao longo do tempo.

Na renda fixa, mesmo que funcionando como um investimento seguro, o capital investido pode diminuir um pouco, assim como em qualquer investimento; mas, exceto em casos de descumprimento de obrigações assumidas, essa perda tende a ser pequena. Entretanto, vale ressaltar aqui que o FGC nesses casos traz segurança e confiabilidade para o investimento e você deve estar atento a isso. Outro risco possível é, ao fim da aplicação, a rentabilidade se revelar menor do que a oferecida para outras aplicações de risco similar e disponíveis durante o mesmo período. Os investimentos mais populares em renda fixa são a caderneta de poupança e os Fundos DI. Mas há também outras aplicações, tais como: Fundos de Renda Fixa, CDBs e debêntures, entre outras.

Já na renda variável, a rentabilidade pode oscilar mais bruscamente. Nesses investimentos, a pessoa não tem como saber, previamente, qual será a rentabilidade da aplicação, pois fatores externos – como valorização ou desvalorização da moeda, captação de recursos, situação geral e econômica do país, rendimentos do negócio e diversos outros – fazem com que essa aplicação suba ou desça. É como medir a temperatura de uma casa, observando que ela poderá estar mais alta ou mais baixa de acordo com o horário, o ambiente em que está e se existe ou não algum aparelho ligado que possa ocasionar alteração na temperatura. Percebe? São muitos contextos diferentes que interferem em um único resultado.

No mundo da renda variável, essa flutuação ocorre diariamente, porém, se a escolha for feita com critério, diante de opções bem avaliadas e com diversificação dos investimentos, a aplicação em renda variável poderá proporcionar ao investidor um retorno maior do que o obtido em aplicações de renda fixa. Em geral, os investimentos em renda variável são

HORA DE APRENDER DE VEZ SOBRE INVESTIMENTOS

recomendados para prazos mais longos e para pessoas com mais tolerância às variações de preço dos títulos, muito comuns nesse mercado.

Para trabalhar com renda variável, a diversificação da carteira é algo fundamental. Por isso, é muito comum que o investidor tenha uma cesta de ativos variados para diminuir os riscos, pois eventuais perdas em alguns papéis podem ser compensadas com ganhos em outros. Os investimentos mais tradicionais e populares em renda variável são as ações, os fundos de ações e os fundos imobiliários.

Para entender melhor cada definição, vamos analisar o Tesouro Selic. Será que ele pode ser considerado um investimento de renda fixa? Sim! Mas a taxa não será fixa porque a Selic, à qual o investimento está atrelado, varia, conforme determinação do Copom. Em fevereiro de 2021, por exemplo, essa modalidade de aplicação rendia 100% de 2%, que era o patamar da taxa Selic. No entanto, vamos imaginar que, após um tempo, essa taxa fosse elevada para 5%. Logo, a pessoa não sabe exatamente quanto vai receber do investimento quando aplica seu dinheiro, pois isso muda conforme fatores que podem oscilar. Portanto, é uma aplicação de renda fixa, mas em que seu rendimento vai variar de acordo com as mudanças na taxa Selic durante o período investido.

O Tesouro IPCA+, que é atrelado à inflação, funciona da mesma maneira. É considerado uma aplicação de renda fixa, porém não é possível prever uma rentabilidade garantida, uma vez que o IPCA flutua; logo, você não tem como saber em quanto estará essa taxa no decorrer do prazo do investimento.

Para ilustrar este tema, dou um exemplo. Muita gente me pergunta: "Carol, fiz um investimento prefixado de oito anos, o que devo fazer? Devo realmente aguardar o fim do período ou devo retirar esse dinheiro agora?". Em um caso como esse, sempre explico que, se você deixar o montante pelos oito anos rendendo na aplicação, vai saber exatamente qual é o valor que poderá retirar no fim do período. No entanto, caso decida retirar o dinheiro antes do vencimento, isto é, antes daqueles oito anos, é possível que você perca dinheiro de acordo com as regras de cada investimento.

RUMO À RIQUEZA

LCI E LCA[63]

Na sequência, quero apresentar a você outro grupo de letrinhas que são excelentes opções de investimento. Já ouviu falar de LCI e LCA? Sabe o que significam? Os dois produtos são títulos emitidos por instituições financeiras. Em sua origem, esses papéis apresentam algumas características diferentes. Vamos ver juntos.

Tanto a Letra de Crédito Imobiliário (LCI) quanto a Letra de Crédito do Agronegócio (LCA) são tipos de investimento de renda fixa isentos de Imposto de Renda. No caso da LCI, você emprestará dinheiro a uma instituição para que ela faça investimentos no setor imobiliário e, no retorno, você receberá juros em cima do valor investido. Já a LCA é uma modalidade em que você empresta seu dinheiro para que a instituição faça investimentos no agronegócio, igualmente com uma porcentagem de retorno de juros. Além dos bancos, essa modalidade de investimentos também é utilizada por sociedades de crédito imobiliário, associações de poupança e empréstimos e companhias hipotecárias. Tudo isso para captar recursos que serão utilizados para as finalidades sobre as quais falamos.[64]

Mas por que, então, ouvimos tantas pessoas falando de LCI e LCA? Às vezes, vemos algo assim: "LCI, 90% do CDI" ou "LCA, 80% do CDI". Tanto LCI quanto LCA têm cobertura do FGC e são ativos de renda fixa. Por isso, muita gente pensa: *Ah, vou fazer esta aplicação, porque não vou precisar pagar Imposto de Renda no resgate*. Isso é verdade, mas costumo alertar para alguns detalhes que a pessoa deve levar em consideração. Vamos a eles.

Ambas as modalidades têm uma carência mínima de noventa dias, portanto, ao optar por essas aplicações, já saiba que durante três meses você não poderá resgatar o seu dinheiro. Sabendo disso, por exemplo, você vai colocar uma reserva nessa modalidade, caso esteja começando? É claro que não. Porque se você precisar do dinheiro investido dentro desse prazo, não poderá contar com ele.

Outro ponto: LCI e LCA são aplicações que nem sempre estão indexadas ao CDI. Existe, por exemplo, LCI prefixada ou atrelada à inflação. Por estar ligada ao setor imobiliário, a LCI também pode ser atrelada ao IGP-M, também conhecido como "inflação dos aluguéis", utilizado para medir o valor dos aluguéis de imóveis. Portanto, é preciso estudar bem o assunto

HORA DE APRENDER DE VEZ SOBRE INVESTIMENTOS

antes de sair investindo. Você deve observar que tipo de LCI é, o prazo de vencimento, a rentabilidade, o *rating* (classificação da empresa) etc. O ideal é que você sempre deixe até o fim do período.

E também é preciso tomar um certo cuidado, porque há quem diga que investe em LCI ou LCA por não ter Imposto de Renda e render mais que CDB, no entanto, essa conclusão não é automática. Imagine, por exemplo, que uma LCI renda 80% do CDI, mas exista um CDB que esteja rendendo 103%. Com isso, mesmo pagando Imposto de Renda, o CDB rende mais que a LCI ou LCA. Portanto, cuidado: nem sempre a ausência da cobrança de Imposto de Renda quer dizer que se trata do melhor investimento.

DEBÊNTURES[65]

As debêntures consistem em um instrumento de captação de recursos no mercado de capitais. Por tal meio, as empresas financiam seus projetos assim como conseguem gerenciar melhor suas dívidas, por exemplo. Os recursos captados pela companhia por meio da distribuição de debêntures podem ter diferentes usos: investimentos em novas instalações, reestruturação de dívidas, financiamento de capital de giro etc. Portanto, imagine que uma grande empresa precisa investir para fazer uma obra de infraestrutura, por exemplo. Diante disso, quais são as opções que essa companhia tem para poder, de fato, investir em novos projetos? Ela pode pegar empréstimos com bancos ou pedir emprestado o dinheiro para investidores. Há também as chamadas empresas de capital aberto,[66] que podem ser definidas como companhias cujo capital é formado por ações, que são negociadas em bolsa de valores, no Brasil, a B3. Assim, se for uma empresa de capital aberto, ela pode emitir novas ações. De modo geral, as pessoas que compram as ações de uma empresa se tornam proprietárias de uma fração do patrimônio líquido daquela companhia.

E é exatamente isso que as empresas fazem: elas emitem recebíveis, que são conhecidos como debêntures. Assim, debêntures são títulos de dívidas de empresas. Mas o que isso significa? Imagine que você empresta o seu dinheiro para uma companhia e, em troca, recebe um

RUMO À RIQUEZA

rendimento anual acertado no momento da compra. Isso significa que essas empresas estão com problemas financeiros e que você não receberá o seu dinheiro? Não. Como falamos anteriormente, essas emissões de recebíveis podem ser para custear outros projetos de expansão da empresa, e não necessariamente significa que ela está com dificuldades financeiras. As debêntures são apenas a maneira mais "simples" de fazer a captação de recursos para determinado objetivo.

==Sobre elas, ainda é importante que você saiba que não têm cobertura do FGC e, portanto, a pesquisa e o estudo sobre a empresa é imprescindível para que você não caia em ciladas.== Busque informações sobre onde você está colocando o seu dinheiro, qual é a empresa em que está investindo, qual é a classificação dessa empresa, para que você saiba muito bem para quem está emprestando o seu dinheiro.

Existem empresas que são rigorosas e fazem um estudo para o investidor ficar mais tranquilo e seguro na hora de aplicar em debêntures que sejam confiáveis. É feita uma pesquisa prévia, e o resultado é passado de acordo com os *ratings* de cada uma. Mas o que isso realmente significa, afinal?[67]

Imagine que um pai, preocupado com a educação financeira de seus filhos, crie uma espécie de sistema pessoal para avaliar a situação de cada um deles. Desta maneira, quando um filho gastar toda a mesada que recebeu e vier pedir mais dinheiro, perderá pontos. Por outro lado, se usar o dinheiro para coisas importantes e souber administrar bem a quantia até o fim do mês, receberá uma espécie de "bônus".

Guardadas as proporções devidas, essa história ilustra como funcionam os *ratings* concedidos pelas agências de classificação de risco tanto para países como para empresas. Uma nação que mantém dívidas em dia e uma situação fiscal saudável, por exemplo, recebe notas mais elevadas, enquanto economias descontroladas costumam perder níveis de avaliação.

Além de ser uma classificação, essa nota nos mostra a capacidade que esse negócio terá de fazer o pagamento para os investidores e, em geral, você encontrará essa nota variando em uma escala que vai entre AAA (mais seguro) até C (menos seguro). Essa escala pode variar entre as instituições, assim, você deverá olhar qual é o *rating* do investimento e procurar informações na instituição para fazer a avaliação correta antes de aplicar o seu dinheiro ali.

HORA DE APRENDER DE VEZ SOBRE INVESTIMENTOS

Voltando às debêntures que podem ser emitidas, existem alguns tipos distintos. Podemos citar as incentivadas, que são aquelas emitidas por empresas que estão fazendo algum projeto de melhoria pública, e, portanto, são isentas da cobrança do Imposto de Renda caso você decida vender. Existem também as debêntures não incentivadas, que são aquelas emitidas por empresas privadas, sem nenhuma ligação com projetos do governo. Pense em um projeto da Petrobras que tenha por objetivo ampliar a capacidade de produção de petróleo do país, e outro, de uma construtora qualquer, com o intuito de erguer um shopping center. As debêntures emitidas pela estatal são incentivadas, enquanto as da construtora são não incentivadas.

Agora, falando sobre a rentabilidade das debêntures, elas podem ser prefixadas, as quais já possuem um rendimento predeterminado, como, por exemplo, 12% ao ano, lembrando que isso vale para a data do vencimento da debênture. Ou seja, se você vender antes, pode perder rentabilidade. Existem também as debêntures pós-fixadas, em que a rentabilidade está atrelada a algum indicador do mercado, como a taxa Selic e o CDI. O último tipo de debênture é a híbrida, cuja rentabilidade tem uma taxa prefixada + uma taxa fixa a um indicador, como o IGP-M, o IPCA ou o CDI.

As debêntures podem pagar mais do que títulos do Tesouro Direto ou LCIs e LCAs, mas você tem que saber o risco que corre, já que elas não têm cobertura do FGC. Em contrapartida, você pode estar investindo em grandes empresas e conseguindo um prêmio maior, desde que saiba estudar bem a rentabilidade e desde que seja uma boa empresa na qual investir.

Os maiores compradores de debêntures no mercado brasileiro são os chamados investidores institucionais, tais como grandes bancos, fundos de pensão e seguradoras e investidores estrangeiros, além dos investidores individuais.

CRI E CRA[68]

Para quem busca ativos de renda fixa isentos da cobrança de Imposto de Renda, os Certificados de Recebíveis Imobiliários (CRI) e os Certificados de

RUMO À RIQUEZA

Recebíveis do Agronegócio (CRA) são algumas alternativas. Ambos são títulos emitidos por empresas securitizadoras para financiar atividades do setor imobiliário e do agronegócio. O que essas companhias securitizadoras fazem? Convertem dívidas (duplicatas, cheques, notas promissórias) em um título negociável e com lastro, ou seja, uma garantia (imóveis, maquinário etc.) de valor equivalente ao título.[69] Dessa maneira, a empresa recebe de maneira antecipada por uma dívida que somente receberia mais adiante. Em troca, a securitizadora fica com uma parte do valor da dívida.

Vamos ilustrar com um exemplo. Considere que você tem uma empresa e que um cliente vai te pagar 3 mil reais daqui a três meses. No entanto, você precisa de recursos imediatamente. Neste contexto, uma securitizadora te pagaria 2.700 reais hoje e receberia, daqui a três meses, os 3 mil reais do cliente. Ou seja, elas são responsáveis por comprar a dívida da companhia, usá-la para emitir títulos imobiliários e deixá-los disponíveis para serem negociados por investidores por meio da emissão dos CRIs e CRAs.

Na prática, as securitizadoras fazem a intermediação para que você empreste dinheiro para empresas do agronegócio e do setor imobiliário com o objetivo de que elas continuem desenvolvendo suas atividades. Em troca, o investidor recebe o valor com juros após um período estipulado no momento da aplicação. Os pagamentos dos juros podem ser periódicos, semestrais ou anuais, por exemplo, e na data de vencimento você recebe o montante investido mais a última parcela desses juros. Mas também existem papéis desse tipo que pagam tudo (o valor aplicado + os juros) somente ao fim do período.

A rentabilidade dos CRIs e CRAs pode ser atrelada ao IPCA, pagando esse percentual da inflação mais uma taxa prefixada, garantindo ao investidor o ganho de poder de compra com a aplicação, independentemente do comportamento da inflação no período. Outras formas de remuneração são a prefixada, com apenas uma taxa de rentabilidade, e a pós-fixada, quando o título paga uma porcentagem do CDI do período.[70]

Tenho certeza de que você está pensando qual é a lógica de retorno CRIs e CRAs. Como outros investimentos em renda fixa, quanto maior o período investido, maior o retorno. Além disso, por se tratar de crédito privado, diferente do Tesouro Direto, o risco da aplicação é ainda maior. Justamente por isso, CRIs e CRAs costumam pagar mais do que os títulos públicos, que têm o risco de crédito do governo, considerado um dos mais baixos do mercado.

Esses títulos também não contam com a proteção do FGC. De olho nisso, em geral, agências de classificação de risco, como Standard & Poor's (S&P), Moody's e Fitch, atribuem uma nota para os títulos de CRI e CRA. Essa nota busca apontar as chances de a instituição que emite o título dar o calote no investidor.

É aconselhável que você observe qual é a nota de crédito do título do seu interesse e se vale a pena investir nele. Assim como vimos no *rating*, que é uma nota de classificação de empresas e governos, aqui o título também é classificado. Vale lembrar que essa nota pode mudar ao longo do período de aplicação e que ela não representa uma verdade absoluta de que nunca ocorrerá com aquela empresa algo que não estava "no *script*". Como tudo na vida, dificuldades podem ocorrer, e ninguém está livre de imprevistos.

Outro ponto a ser analisado é a liquidez, também considerada um fator de risco dos CRIs e CRAs. Você deve saber que, se quiser vender sua aplicação antes do vencimento, o volume de negociação dos títulos no mercado secundário[71] é muito baixo. Opa, calma, mas o que é o mercado secundário?

O mercado primário é aquele em que as ações de uma companhia são negociadas diretamente entre a companhia e os investidores. Os recursos são destinados para os projetos de investimento da empresa ou para o caixa. Ao comprar uma ação, no entanto, o investidor tem como negociá-la com terceiros. O mercado secundário cumpre essa função. É o local onde os investidores negociam e transferem entre si as ações emitidas pelas companhias. Neste mercado, ocorre apenas a transferência de propriedade e de recursos entre investidores. A companhia não tem participação. Portanto, o mercado secundário oferece liquidez aos títulos emitidos no mercado primário. Na prática, quando uma empresa entra na Bolsa, ela vende ações, certo? Quando um investidor compra essas ações e vende para outro investidor, chamamos isso de venda no mercado secundário.

Para saber quais CRIs e CRAs estão disponíveis para você, entre no site da sua corretora e procure pelos títulos, sempre de olho na rentabilidade, na nota de crédito (*rating*) e no vencimento.

RUMO À RIQUEZA
PREVIDÊNCIA PRIVADA[72]

Quando falamos em previdência privada, é preciso esclarecer que existem duas alternativas no mercado: a PGBL e a VGBL. Tá, posso até visualizar uma enorme interrogação no seu rosto agora, meu amor: "Poxa, Carol, não faltava mais nada... PGBL? VGBL? ...xiiiiiii, lascou!". Calma, calma que a Carol aqui explica para você tudo sobre essa verdadeira massaroca de letrinhas. O primeiro passo ao optar por contratar um plano de previdência é ter em mente vários aspectos, como o seu objetivo final, por quanto tempo assumirá esse investimento, qual é o valor que você pretende acumular periodicamente e com que frequência poderá acumulá-lo. Ou seja, você deve estudar o que quer para aplicar com sabedoria.

De cara, você deve entender que, além de escolher entre as modalidades de previdência privada PGBL ou VGBL, é preciso optar pelo regime de tributação em relação ao Imposto de Renda. Desde janeiro de 2005, o investidor tem condições de escolher o regime tributário que incidirá em seu plano de previdência. A diferença entre os regimes está na forma de recolher esse imposto, que pode ser progressiva ou regressiva. Afinal, saiba que você precisará recolher IR sobre o dinheiro investido de qualquer maneira. Logo, no momento de contratação do plano, cabe a você definir o regime de tributação, levando em consideração qual é a melhor alternativa para o seu caso.

Até aqui, está claro? Estamos falando de duas escolhas que devem ser feitas: primeiro, você vai de PGBL ou VGBL? Ao decidir isso, prefere um regime de tributação progressivo ou regressivo? Mas não se preocupe, pois vamos esclarecer ponto a ponto.

PGBL Uma previdência do tipo PGBL (Plano Gerador de Benefício Livre) é um investimento que precisa ser avaliado de acordo com a sua declaração anual do Imposto de Renda.

É preciso entender que existem duas formas de fazer a declaração de Imposto de Renda: a simplificada e a completa. Na simplificada, o governo toma conhecimento das suas informações, como, por exemplo, o quanto você teve de renda no período de um ano. No entanto, o governo "não quer saber" o que você fez com o seu dinheiro. Por

HORA DE APRENDER DE VEZ SOBRE INVESTIMENTOS

exemplo, não quer saber se você pagou plano de saúde, educação etc. Enfim, não quer saber nada. Simplesmente te dá um desconto de 20%.

Por exemplo, se você ganhou de salário 100 mil reais no ano e optou por fazer a declaração simplificada, terá um abatimento de 20% da sua renda. Em outras palavras, para efeito do cálculo do IR, daqueles 100 mil reais serão abatidos 20% e ponto, já que você optou pela declaração simplificada. Com isso, o governo vai calcular quanto você deve ou quanto você tem a restituir.

Já no caso da declaração completa, você é autorizado a registrar, para abatimento no Imposto de Renda, tudo o que gastou. Em geral, são abatidos no IR gastos com plano de saúde ou educação. Cada um desses gastos tem um teto de desconto, de abatimento. No caso da previdência PGBL, ela é considerada como uma dedução de IR.

Assim, o PGBL é indicado para quem faz a declaração completa, pois poderá abater da base do cálculo do IR até 12% do total da renda bruta tributável. Ficou complicado? Vamos a um exemplo prático.

Por exemplo, se você ganhou 100 mil reais de renda no ano e é CLT, você pode calcular até 12% do total (R$ 12 mil) e acrescentar à previdência PGBL. Para que, quando você for resgatar esse PGBL, seja possível acertar as contas com o governo. Portanto, é como se fosse um adiamento do IR. Não é que você, simplesmente, teve um abatimento. Na realidade, você teve um desconto naquele momento, naquele ano, mas quando for resgatar esse PGBL, vai ser tributado em cima do valor total do resgate. Outra dúvida muito comum: é possível fazer aportes todo ano na previdência? No caso do PGBL a resposta é positiva.

"Ah, Carol, em um ano a minha renda foi de 100 mil reais, então calculei 12% em cima disso, logo, 12 mil reais. Mas, no ano seguinte, ganhei 150 mil reais brutos de salário no ano inteiro. E aí?" Nesse caso, serão 12% sobre 150 mil reais, ou seja, 18 mil reais. Os 12% não mudam, mas a renda da pessoa pode mudar. Seja 50 mil, 100 mil ou 200 mil reais no ano, é sobre essa renda que serão calculados os 12% para o aporte a ser realizado no PGBL para ter o abatimento fiscal.

Em contrapartida, pelas regras do PGBL, em razão desse desconto concedido de até 12% da renda bruta anual, no momento em que a pessoa for sacar, ou seja, resgatar as quantias dessa previdência, será

|145

tributado um valor sobre o total do resgate, e não somente sobre a rentabilidade. E é no momento do resgate, para efeito do IR, que será analisado o regime de tributação escolhido, progressivo ou regressivo.

VGBL Caso a pessoa opte pela modalidade de previdência VGBL (Vida Gerador de Benefício Livre), ela também pagará tributos no momento do resgate. No entanto, nesse caso, o IR incide somente sobre a rentabilidade, ou seja, os valores dos tributos são calculados apenas sobre a quantia que rendeu daquele investimento principal do capital inicial. Com isso verificado, o segundo passo é ver qual foi o regime tributário escolhido, progressivo ou regressivo.

É importante ficar claro que, em quaisquer dos tipos, PGBL ou VGBL, a pessoa pode escolher entre os regimes de tributação regressivo ou progressivo. A diferença é que se a pessoa escolher o PGBL, será tributada do valor total do resgate. Já se escolheu a modalidade VGBL, os tributos vão incidir somente sobre a rentabilidade.

REGIME DE TRIBUTAÇÃO PROGRESSIVO [73] Caso a pessoa tenha optado pelo regime de tributação progressivo, é utilizada a tabela do Imposto de Renda: quanto maior for o resgate, maior será o percentual de imposto cobrado, variando entre 0 e 27,5% do valor total. Nessa modalidade temos também 15% tributados do valor total retirado na fonte, ou seja, que é cobrado no momento do resgate como antecipação do imposto. Essa retirada vale para ambas as modalidades, PGBL e VGBL, e o valor dos resgates poderá ser compensado na sua declaração de ajuste anual do IR, conforme a tabela de desconto progressivo do Imposto de Renda.

Portanto, pode-se dizer que o regime progressivo é indicado para quem efetua contribuições em plano de previdência com visão de curto prazo. Essa opção é destinada também àqueles que estão perto de usufruir do benefício de aposentadoria ou ainda para os que se aposentarão com um benefício inferior à faixa isenta da tabela, que é um rendimento mensal de até aproximadamente 2 mil reais. A partir desse valor, a alíquota vai variar, então, entre 7,5% e 27,5%.[74] É importante lembrar que, caso o valor recebido seja

HORA DE APRENDER DE VEZ SOBRE INVESTIMENTOS

tributado pela alíquota de 27,5%, a diferença entre os 15% já pagos e os 27,5% devidos deverá ser paga no momento da entrega da declaração de ajuste anual do ano fiscal de referência do pagamento.

REGIME DE TRIBUTAÇÃO REGRESSIVO Já na tributação regressiva, o valor total é tributado de acordo com o tempo total de investimento na modalidade, diminuindo conforme o tempo passa. Mas vale lembrar que, neste caso, não há a possibilidade de compensar os valores na declaração de ajuste anual de IR, pois a tributação é definitiva e feita na fonte. Ao escolher o regime regressivo, a tributação do IR será sobre o montante do resgate. Porém, entrará nessa conta o prazo da aplicação, ou seja, de acordo com o tempo em o dinheiro está investindo, seguindo a tabela abaixo:

PERÍODO	ALÍQUOTA
De 0 a 2 anos	35%
De 2 a 4 anos	30%
De 4 a 6 anos	25%
De 6 a 8 anos	20%
De 8 a 10 anos	15%
Acima de 10 anos	10%

Podemos afirmar que o regime de tributação regressivo é indicado para quem planeja poupar em plano de previdência por mais tempo, ou seja, cultivando uma visão do longo prazo. Afinal, quanto maior o período em que o dinheiro ficar aplicado no plano, menor será a alíquota incidente do Imposto de Renda.

FUNDOS DE RENDA FIXA

Sempre que falamos em fundos, é preciso dizer que existe um gestor administrando aquele fundo. Os fundos de renda fixa, como o nome já diz, são aplicações que têm ativos atrelados à renda fixa. Nesta

RUMO À RIQUEZA

modalidade, existe um gestor que cuidará do fundo e dos ativos que estão nele, escolhendo o que acredita ser melhor em termos de rentabilidade e tempo de aplicação. Dessa maneira, esse gestor pode colocar, por exemplo, LCIs com CDBs em uma cesta de investimentos, e você poderá fazer parte das pessoas que investem nesse fundo ao aplicar o seu dinheiro ali. No entanto, esse gestor cobra uma taxa de administração para que exerça esse trabalho, e é aí que está o perigo para você, investidor iniciante. "Mas por que devo ter cuidado, Carol?"

Quando a taxa Selic está muito baixa, o que ocorre? Os investimentos ficam com uma rentabilidade mais baixa também, o que diminui o lucro que recebemos pelo valor aplicado. Assim, vamos supor que a taxa de administração seja de 1%, e a rentabilidade total do fundo, por conta da Selic baixa, esteja em 0,98%. O que isso significa? Significa que, neste caso específico, você está perdendo dinheiro, pois a rentabilidade é menor do que o valor que você pagará para o gestor. Portanto, é preciso sempre analisar tal taxa. Aliás, este é um direito seu.

Em toda corretora ou banco, você pode verificar, por meio do nome do fundo, a chamada lâmina,[75] que traz informações detalhadas sobre o produto, como a rentabilidade dele ao longo do tempo. Portanto, antes de investir, verifique como aquele fundo esteve nos últimos cinco anos e verifique também a taxa de administração para que você faça o balanço do que vale a pena ou não.

De repente, ele está indo bem agora, mas você conclui que foi mal nos outros anos. Claro, rentabilidade passada não garante rentabilidade futura, e pode acontecer de um fundo ir mal durante determinado período. Isso é comum! Entretanto, é necessário olhar para as oscilações dos últimos cinco anos para avaliar a estabilidade e se proteger de armadilhas.

Geralmente, são poucos os fundos em renda fixa que valem a pena. A maioria tem taxa de administração alta, sobretudo nos "bancões". Há alguns gerentes que tentam empurrar em você um fundo de investimento que tem uma baita taxa, da qual você só vai se dar conta depois, porque ele ganha com isso. Não são todos os gerentes que agem dessa forma, uma vez que existem profissionais muito bons, mas é muito importante prestar atenção nessas coisas para não perder dinheiro. Por

HORA DE APRENDER DE VEZ SOBRE INVESTIMENTOS

isso, reforço: você tem o direito de saber. Pergunte, tire todas as dúvidas, peça explicações para quem está ali, oferecendo a você aquele serviço.

FUNDOS MULTIMERCADOS[76]

Toda vez que os juros das aplicações de renda fixa despencam e, com isso, deixam de ser atrativos, os fundos multimercados surgem como uma opção mais rentável e, por isso, tais aplicações costumam ser consideradas mais sofisticadas. Mas o que são, afinal, esses fundos? Podemos dizer que são um passo para a renda variável. Trata-se de um fundo em que o gestor pode incluir aplicações de diferentes mercados (renda fixa, câmbio, ações, entre outros), ou seja, tanto ativos de renda fixa como de renda variável, podendo mudá-las de acordo com o que ele quer buscar em questão de rentabilidade.

Dessa forma, são fundos que estão entre os investimentos mais seguros e os investimentos arriscados, com a vantagem de não se concentrarem em nenhum deles. Além disso, esses fundos preveem uma maior liberdade de gestão e buscam oferecer aos investidores um rendimento mais alto do que aplicações conservadoras.

E como eles funcionam? Assim como outros tipos de fundos, os multimercados representam uma opção de investimento em conjunto, ou seja, você coloca seu dinheiro lá juntamente com os recursos de uma infinidade de outras pessoas, e cada um tem uma cota do fundo. Os ganhos, assim como as perdas, são compartilhados pelos participantes, na proporção do valor depositado por cada um.

Devido a essa diversificação entre renda fixa e variável, em relação à rentabilidade, os fundos multimercados estão no meio do caminho entre os conservadores e os arrojados tanto em questão de riscos quanto em potencial de retorno. Porém, como trabalham com uma enorme variedade de padrões de rentabilidade, os rendimentos são bem menos previsíveis em comparação a outros tipos de investimento. Para se ter ideia, alguns multimercados podem apresentar resultados duas ou até três vezes maiores do que os de outras aplicações da mesma categoria no período de um ano.

|149

RUMO À RIQUEZA

Muita gente me pergunta: "Carol, existem bons fundos multimercados?". Sim! Com o objetivo de proteção, tenho um multimercado na carteira, um fundo de ouro, ou seja, lastreado neste metal precioso. Além da rentabilidade, verificada pela lâmina do fundo, sempre é preciso ver quem está por trás do fundo, quem é o gestor, qual é a história dele, qual é o banco, qual é a corretora. Digo sempre para as pessoas pararem de ter medo. Vá com calma, conheça uma corretora séria e confiável. Por que digo isso? Em uma corretora você tem produtos de diversos bancos; ela não vende só produtos de uma determinada instituição. Um banco específico jamais venderá um produto do concorrente, pois não ganhará nada com isso. Mas as corretoras, em sua grande maioria, não têm esse problema e oferecem uma variedade grande de produtos.

Dou uma dica adicional. Existe um site chamado Banco Data (banco-data.com.br), que é utilizado por quem quer saber se uma determinada instituição tem uma boa saúde financeira, de acordo com alguns parâmetros do Banco Central, que são obrigatórios, como o índice de imobilização, que mostra o quanto do patrimônio da instituição está imobilizado, ou seja, investido em bens que não possuem liquidez imediata, como imóveis e veículos, por exemplo. Então, quanto menor for o índice de imobilização, maior agilidade o banco terá para usar seu patrimônio a fim de honrar seus compromissos. Por exemplo, se uma instituição financeira possui índice de imobilização de 30%, significa que, a cada 100 reais em seu patrimônio, 30 reais estarão imobilizados. O índice máximo tolerado pelo Banco Central é 50%. Assim, utilize essas informações durante seus estudos e análises antes de sair investindo o seu dinheiro. Essa avaliação é imprescindível para diminuir os riscos.

Outro ponto importante é que os multimercados têm o chamado come-cotas.[77] O que é isso? Como o próprio nome indica, o come-cotas é uma cobrança antecipada do Imposto de Renda que faz o número de cotas do fundo que o investidor tem diminuir em determinados investimentos. Esse recolhimento só atinge os fundos abertos, classificados como de curto ou longo prazo, sendo cobrada uma alíquota de 15% para os fundos de longo prazo e 20% para os de curto prazo.

Diferentemente de outras aplicações, nas quais o investidor somente paga IR no momento em que resgata ou vende um ativo, o come-cotas é cobrado obrigatoriamente a cada seis meses em datas fixas: no último dia útil de maio e de novembro. Os gestores é quem têm a responsabilidade de fazer o cálculo, deixando os investidores isentos de declarar esse imposto especificamente.

AS LIÇÕES DO MEU PORTEIRO

Ufa, foram tantos os conceitos que abordei nas últimas páginas que talvez você esteja até um pouco atordoado. Vamos relaxar um pouco agora? Deixe eu contar uma história que me enche de orgulho. Quando decidi estudar educação financeira e compartilhar este conhecimento por meio das minhas redes sociais, uma das razões era mostrar para as pessoas que saber lidar com o dinheiro pode fazer uma diferença real na vida delas. Fico imensamente feliz sempre que percebo que essa minha escolha afeta positivamente a realidade de tanta gente. Em alguns momentos, chego a me emocionar.

Certo dia, um dos porteiros do meu prédio me fez algumas perguntas sobre dinheiro, pois sabia que eu ensinava sobre o assunto, disse que assistia aos meus vídeos etc. Ele disse: "Dona Carol, queria bater um papo com você...". Aos poucos, ele foi contando que adorava o meu canal e que ouvir sobre finanças estava o ajudando bastante na mudança de mentalidade. Disse que havia tomado a decisão de poupar, pois queria dar uma vida melhor para o filho, à época com apenas 2 anos. Afirmou ainda que tinha vontade de realizar uma série de sonhos e que economizar para isso estava nos planos.

Lembro que disse: "Que maravilha ouvir isso, estou muito feliz por você. Como posso ajudar?". Ao seguirmos a conversa, ele comentou que não sabia como investir e que sempre ouvira que era preciso ter muito dinheiro para começar. Falou ainda que, antes de ver os meus vídeos, pensava que investir era "coisa de rico". Retomando todas as coisas que já aprendemos neste livro, passei o conhecimento para ele e disse que essa concepção é um mito, algo longe da verdade, apesar de muita gente pensar assim. Completei dizendo que, entretanto, a lógica contrária é verdadeira: é preciso investir para ficar rico.

RUMO À RIQUEZA

Diante disso, ele quis saber o que poderia fazer para começar, e expliquei os primeiros passos, que vimos nos capítulos anteriores. Ele me contou um pouco sobre sua rotina, e mostrei que ele deveria priorizar as economias agora para que pudesse ter mais conforto no futuro. Ao fim do papo, ele disse que mudaria seus hábitos, e passei a incentivá-lo sempre que nos encontrávamos.

Passados cerca de seis meses, tivemos uma nova conversa, e ele comentou: "Está dando certo. Estou conseguindo guardar meu dinheiro e abandonei alguns comportamentos que não faziam sentido". Era possível ver a felicidade que sentia em suas palavras. E eu, é claro, estava transbordando de orgulho por ter conseguido fazer algo positivo em sua vida. Muitas vezes, ainda hoje, quando nos encontramos, ele me agradece: "Dona Carol, agradeço muito a você por tudo, porque jamais saberia como começar. Nunca conseguiria fazer isso sozinho e talvez não tivesse muitas oportunidades na minha vida. Hoje vejo que somos nós que criamos as oportunidades, que não temos que esperar por elas".

Gosto de compartilhar esta história porque é nisso que eu acredito. Somos nós que criamos as oportunidades. Não adianta esperar que elas caiam em nosso colo, porque não vai acontecer. Estude. Seja racional. Faça como o porteiro do meu prédio, que acreditou, estudou, foi lá e fez. Você não é diferente dele. Que ótimo que ele acreditou que tinha capacidade, pois realmente tinha. Qualquer pessoa tem. Basta começar, não importa com quanto, o que importa é dar o primeiro passo, ter disciplina, adotar hábitos diferentes. É preciso usar o dinheiro de modo racional, ter prioridades e investir nos seus sonhos com visão de longo prazo.

E é isso. Espero que tenha gostado deste capítulo tanto quanto eu. Aqui está a síntese do que queria passar aos meus leitores quando aceitei o desafio de escrever um livro: ensinamentos importantes, mas com o toque humano, que está presente em todas as minhas redes sociais. Mas não acabou ainda, temos muito o que ver. Vem comigo, e vamos voar. Já estou na próxima página, esperando por você com mais conteúdo, mas sempre com a minha cara. Fui!

É PRECISO USAR O DINHEIRO DE MODO RACIONAL, TER PRIORIDADES E INVESTIR NOS SEUS SONHOS COM VISÃO DE LONGO PRAZO.

@caroldias

O INVESTIDOR ILUMINADO

Faaala

, meu amor! Já está recuperado de nosso último capítulo? Trouxe para você um verdadeiro tsunami de conteúdo, não é mesmo? Mas, acredite, tudo isso é por uma boa causa. Excelente, aliás. Meu objetivo é que, a partir deste livro, você consiga mudar **definitivamente** a sua relação com o dinheiro para que conquiste um presente melhor, bem mais feliz e com mais propósito, além de um futuro mais promissor. Porém, isso só virá por meio do conhecimento. Porque eu tenho absoluta certeza de uma coisa: quanto mais alguém aprende, mais oportunidades se apresentam.

E, se agora você já sabe muito sobre os investimentos de renda fixa, chegou a hora de dar um passo adiante, subir mais um degrau na escada que o levará à riqueza. Bem-vindo ao poderoso universo da renda variável. Acredite, é nesse patamar que estão os maiores investidores, aqueles que sabem conviver com os riscos, mas também são mais íntimos de uma realidade milionária. Tenho certeza de que, com sabedoria e estratégia, você também pode se juntar a nós. Mas, de cara, preciso orientá-lo sobre algumas questões.

RUMO À RIQUEZA

Na renda variável, as pessoas precisam entender que estão investindo em empresas. Diferentemente do que muitos podem pensar, não se trata de um cassino, onde são feitas apostas. Portanto, não se deve ficar pensando sobre quanto uma ação vale hoje ou estava valendo ontem. Não é um jogo de azar. Quando compramos um carro ou uma casa, por exemplo, não ficamos imaginando: "Quanto isso valia ontem ou quanto está valendo atualmente?". Na bolsa de valores, a lógica é similar. Você está investindo em empresas, não especulando se tal ação está em alta ou não.

Tanto isso é verdade que os investidores de boa visão ficam tranquilos quando, eventualmente, a Bolsa cai, pois sabem que não estão diante de uma roleta, uma mesa de pôquer ou simplesmente investindo em números, mas, sim, em boas empresas. Ou seja, algo concreto, com solidez. Portanto, a primeira coisa é adotar a mentalidade adequada. Além disso, é preciso encarar a realidade com plena consciência, sabendo até onde você consegue chegar nesse novo cenário.

Por exemplo, pelo seu perfil, você se acha apto a pular da renda fixa para a variável? Será que você tem paciência e controle emocional para lidar com tudo o que está envolvido na queda da Bolsa, caso isso aconteça? Você está disposto a correr mais riscos e ter maior rentabilidade? Considero que o grande segredo do investidor é se sentir confortável com as aplicações que está fazendo. No entanto, para isso, é necessário conhecer bem a renda variável e, ao mesmo tempo, estar disposto a sair da zona de conforto da renda fixa. Ampliar seus horizontes é uma realidade, não se trata de algo impossível.

Agora que você, meu querido leitor, já foi apresentado aos conhecimentos básicos, vamos falar de alguns pontos importantes sobre investimentos para você começar hoje! Para que você possa se tornar um autêntico investidor iluminado, como eu considero que me tornei. Vem comigo, vamos voar! Nas próximas páginas, sobrevoaremos juntos todos os principais termos e conceitos que formam o rico universo da renda variável. Vamos lá!

FREE FLOAT, TAG ALONG, HOME BROKER & BENCHMARK

Em nossa aula sobre investimentos, apresento a você alguns termos importantes sobre aplicações. Afinal, quero que você fique fera nesse assunto. Você já ouviu falar sobre *free float*? *Mas que bicho é esse, Carol?*, quase posso ouvir seus pensamentos. Vamos com calma. Quando uma empresa abre seu capital social, ou seja, quando ela libera suas ações para serem negociadas na bolsa de valores, os acionistas precisam olhar para o chamado *free float*, ou "flutuação livre" na tradução do inglês. Trata-se do volume de ações que não estão nas mãos dos controladores da empresa e, por isso, podem ser negociadas no mercado.

A maior parte das ações de uma empresa costuma ficar nas mãos de seus sócios controladores. O tamanho dessa maioria varia de empresa para empresa. Se determinada empresa tem 80% das suas ações nas mãos dos seus controladores, pode-se dizer que ela tem 80% de valor. Com isso, restam apenas 20% das suas ações para livre compra e venda no mercado, e isso é o *free float*. Só que 20% é pouco. Em geral, é positivo para negociação quando o *free float* da companhia é de, no mínimo, 25% das suas ações. Isso facilita a liquidez, porque permite a mais interessados negociar esses papéis.

Vamos supor que uma empresa tenha somente 1% de suas ações livres para negociar. Em um cenário como esse, quem vai ter esses papéis para comprar e vender? Pouca gente, não é mesmo? Portanto, é muito mais difícil. O *free float*, desse modo, refere-se ao percentual de ações de uma determinada empresa de capital aberto disponíveis para negociação na Bolsa. É um indicador valioso para quem quer investir em ações.

Já *tag along* é uma garantia de cobertura da ação. Por exemplo, vamos considerar que uma companhia tenha 100% de *tag along*, ou seja, se aquela empresa um dia decidir recomprar as ações dela, você tem direito a receber 100% do dinheiro que investiu na compra. Da mesma maneira, se uma empresa tem 30% de *tag along*, isso significa que, em caso de recompra das ações, você receberá 30% do valor que está sendo cotado para essa ação. Logo, é um dado importante. O ideal é

RUMO À RIQUEZA

que a empresa tenha 100% de *tag along* para as suas ações. Este tipo de garantia também existe para os fundos imobiliários.

Ok, mas como você consegue consultar e checar o *free float*, o *tag along* e outras informações referentes a uma ação? Mais uma vez, deixe a Carol te ajudar. É possível encontrar tais indicadores no site da própria B3, a bolsa de valores brasileira, por meio de buscas pelo nome da ação na página inicial do site (b3.com.br). Alguns sites especializados na área, como, por exemplo, o Fundamentei (fundamentei.com), também trazem tais dados. Por meio de um cadastro simples, você tem acesso a uma série de informações sobre a ação que queira consultar. Por fim, as próprias companhias listadas na Bolsa devem manter uma área em seus sites com esse material, a página chamada "relação com investidores". Lá, entre outros dados, você encontra as informações sobre *free float* e *tag along*.

Outro conceito fundamental para quem almeja ser um investidor iluminado é estar habituado com o home broker. Mas o que é o home broker? É um tipo de plataforma oferecida por corretoras para que os investidores individuais operem para comprar ações, fundos imobiliários e títulos públicos, que, então, são atrelados à bolsa de valores. Ela geralmente mostra as informações sobre o mercado e os papéis e permite executar ordens imediatas de compra e venda. Hoje, é o principal meio de acesso à Bolsa, porque pode ser operado de qualquer lugar do mundo. Para operar nesse sistema, é recomendável verificar as taxas praticadas pelas diferentes corretoras.

E, para fechar este tópico, explico a você o que é benchmark.[78] É uma espécie de "termômetro", parâmetro ou índice de referência utilizado para medir o desempenho médio de determinados investimentos. Imagine um farol que serve para indicar se a direção está correta ou se precisa ser ajustada. Há diversos benchmark, um para cada tipo dos principais investimentos. O Ibovespa, por exemplo, é um benchmark considerado o principal índice de ações da bolsa de valores brasileira.[79]

Em fundos imobiliários, o índice é o Ifix. Exemplo: muitas vezes, escutamos um investidor afirmar que determinado fundo imobiliário teve rentabilidade superior ao benchmark, ou seja, o fundo teve uma performance melhor ou acima desse termômetro. Assim, investidores geralmente se consideram exitosos quando suas aplicações superam os índices de referência.

O INVESTIDOR ILUMINADO

De modo geral, cada benchmark é constituído de um conjunto de ativos da mesma espécie. Em outras palavras, tais ativos não são realmente comprados, apenas servem de comparação. Esse conjunto é selecionado por uma instituição reconhecida e confiável, e escolhido conforme uma metodologia que seja acessível ao público e que pode ser adaptada conforme a evolução de um mercado determinado. Além disso, quem monta esses benchmarks realiza, de tempos em tempos, reavaliações das carteiras, para que reflitam o que ocorre em cada segmento. Conhecendo cada benchmark, ou seja, cada parâmetro ou índice, é possível saber como está a performance de uma determinada ação. Ao observar seu histórico ao longo de um, três, cinco ou dez anos, você terá informações suficientes para compreender se aquele papel é o investimento que você procura de acordo com seus objetivos.

O PAPEL DAS CORRETORAS

Muita gente quer começar a investir, mas tem dúvidas sobre os papéis de cada um nesse "novo mundo". É o caso, por exemplo, de entender as corretoras. Afinal, quais são as diferenças entre elas e os bancos? Deixe a Carol explicar. Os bancos, que você conhece bem, oferecem somente os produtos deles. As corretoras, em contrapartida, investem e, por isso, proporcionam mais produtos, de diversos bancos, às vezes com mais rentabilidade, uma vez que elas têm mais oferta. Mas isso não significa que as corretoras são sempre a melhor opção de negócio em relação aos bancos.

Por exemplo, quando o assunto é investir na bolsa de valores, investir em ações de bancos é uma excelente escolha, já que a probabilidade de eles quebrarem é mínima. Dificilmente você verá um grande banco quebrar. Não que algo assim não possa acontecer. Em teoria, pode, mas geralmente se trata de uma instituição muito consolidada. Portanto, as pessoas investem em ações dos bancos, porque é um setor perene, duradouro. Afinal, todo mundo precisa de banco para administrar o seu dinheiro.

Como já falamos anteriormente, quando investimos e adquirimos uma ação de determinada empresa listada na Bolsa, estamos nos tornando sócios daquela companhia. Então, aqui estamos dizendo que nos tornamos sócios do grande banco, que tem uma boa saúde financeira.

IPO

IPO é a sigla para *Initial Public Offer*, ou, na tradução do inglês, oferta pública inicial. Quando determinada empresa decide que vai fazer um IPO, isso significa que ela vai abrir o capital, ou seja, ela vai colocar ações para serem negociadas no mercado. Por exemplo, considere uma empresa qualquer que tenha um dono e seja de capital fechado. Quando ela anuncia que vai fazer um IPO, isso significa dizer que o dono decidiu abrir a empresa dele para que acionistas comecem a negociar ações daquela companhia.

O IPO é o nome dado a essa primeira vez que uma empresa faz uma oferta de ações. Sempre que você ouvir que "vai ter IPO da empresa X" ou que "a companhia Y vai fazer um IPO", significa que ela está abrindo o capital, avisando o mercado que ações dela serão negociadas. No entanto, não se deve confundir o IPO com o *follow-on*, que é outro tipo de negociação de ações que veremos a seguir.

FOLLOW-ON[80]

Falamos do IPO, a oferta inicial de ações de uma empresa. Agora, vamos falar de *follow-on*, que é uma oferta secundária, que ocorre quando a companhia já está na Bolsa. Ou seja, ela já fez o IPO dela, já está listada, mas decide fazer novas ofertas. Na maioria das vezes, isso é feito para levantar recursos, fazer caixa. Por exemplo, quando a empresa está precisando investir, ela vende parte de suas ações no mercado.

Essas ofertas subsequentes acontecem quando os acionistas colocam seus papéis à venda e, como são ações já existentes, o capital social da empresa não muda. Por fim, como a empresa está colocando mais ações para serem negociadas na Bolsa, isso aumenta a liquidez, o que facilita a compra e venda desses ativos.

SUBSCRIÇÃO[81]

A subscrição acontece quando uma empresa de capital aberto pretende aumentar seu capital e, para isso, disponibiliza mais ações no mercado. Assim, pensando em um exemplo prático: quando você adquire ações de uma empresa, passa a ser dono de uma pequena parte do capital social dela. Temos, então, em exemplo hipotético uma empresa com 1 milhão de ações emitidas e um investidor que compra 100 papéis. Sua participação será, portanto, de 0,01% no total. Para a subscrição, entretanto, temos um cenário no qual o capital aumenta e novas ações são emitidas e, assim, os acionistas que já possuíam quantidades de ações passam a ter frações menores do capital total, já que esse valor foi diluído no montante. Vamos a um exemplo prático para que você possa entender.

Temos na mesma empresa do exemplo anterior a emissão de 200 mil novas ações, passando a ficar com 1,2 milhão. Caso o mesmo investidor permaneça apenas com as 100 ações adquiridas originalmente, sua participação diminuirá, caindo para 0,008%.

O questionamento, portanto, fica em relação à segurança para a subscrição das empresas, ou seja, para evitar que ocorra essa diminuição na participação total de investidores, a lei assegura ao investidor o direito essencial à preferência na subscrição das novas ações que vierem a ser emitidas, na proporção de sua participação anterior.

Para garantir esse direito, a empresa deverá passar as informações relevantes aos seus investidores e também ao mercado geral – como a data da tomada de decisão da abertura de novas ações e a data limite de compra de novas ações.[82] Nesse informativo, a empresa precisa também informar o percentual que o acionista poderá subscrever, lembrando sempre que esse número é proporcional ao valor total de ações que ele já possui. E o preço? Nesse informativo, o investidor deve ser informado também sobre o preço de emissão das novas ações, em qual data ele poderá negociar os direitos com terceiros e qual é a data limite de compra.

Essa subscrição precisa ser exercida com um prazo limitado que deverá ser ajustado de acordo com o estatuto social da companhia ou na assembleia de deliberação para o aumento de capital e não poderá ser menor do que trinta dias. Durante esse período o acionista

RUMO À RIQUEZA

precisa manifestar a intenção de subscrever aos novos papéis. Além das ações, há subscrição nos fundos imobiliários, quando novas cotas são oferecidas.

Ainda avaliando o exemplo que começamos anteriormente, esse acionista teria o direito de adquirir o equivalente a 0,01% das novas 200 mil ações emitidas, ou seja, se optar por comprar novas ações, ele passará de 100 para 120 papéis, mantendo sua participação de 0,01% na empresa. Em diversas situações, as ações e cotas, na subscrição, são oferecidas aos acionistas que têm preferência a valores inferiores aos de mercado. Porém, como existe um prazo para o acionista manifestar o interesse por adquirir as novas ações, o recomendável é aguardar a data mais próxima para exercer o direito de subscrição. Imagine que você tenha ações que comprou por 10 reais e a companhia lhe ofereça novas ações emitidas por 8 reais. No entanto, a Bolsa sofre uma queda, e essas mesmas ações passam a valer 5 reais. Em um caso como esse, não fará mais sentido exercer o direito de subscrição.

Para decidir isso, o investidor deverá definir suas estratégias e avaliar todas as pontas para verificar se realmente a subscrição vale a pena ou se é uma cilada. Assim, pergunte-se: pensando em minhas estratégias, ainda faz sentido continuar investindo na companhia? Os princípios da empresa ainda estão em sintonia com os meus objetivos? A gestão geral da companhia ainda faz sentido com o que acredito? Todas essas perguntas devem ser respondidas antes de exercer o seu direito de subscrição.

AÇÕES

Enfim, chegou a hora de falar das famosas ações. Para começar, quero explicar para você algumas coisas básicas. Existem as chamadas ações ordinárias, também conhecidas pela sigla ON, e as ações preferenciais, que são identificadas pela sigla PN. As empresas de capital aberto, que são as que têm suas ações na bolsa de valores, têm a opção de colocar para negociação estes dois tipos de ações, ordinárias e preferenciais, e ainda as chamadas *units*, que são como se fossem uma cesta composta de um mix de ações. Pode ser, por exemplo, duas ações ordinárias e uma preferencial.

"MEU OBJETIVO É QUE, A PARTIR DESTE LIVRO, VOCÊ CONSIGA MUDAR DEFINITIVAMENTE A SUA RELAÇÃO COM O DINHEIRO."

@caroldias

RUMO À RIQUEZA

As ações ordinárias são sempre identificadas pelo final 3 na sigla de cada ação. Portanto, sempre que você observar uma ação XYZ3, já sabe que se trata de uma ação ordinária. Já as ações preferenciais têm o final 4, 5 e 6. Logo, uma ação ABC4 ou ABC6 são preferenciais. Por fim, as *units* trazem o final 11 em seu final. São aquelas das cestinhas, que podem ser integradas por duas ações preferenciais e uma ordinária ou três preferenciais e duas ordinárias; enfim, há várias possibilidades. XYZ11 ou ABC11 são, portanto, *units*.[83]

Quais são as diferenças entre essas ações? Quem possui ações ordinárias tem direito de voto na assembleia da empresa. Mas é claro que isso vai depender da quantidade de ações que a pessoa tem. Ou seja, se a empresa for fazer alguma mudança, como, por exemplo, na infraestrutura dela, quem possui ações ordinárias tem o direito de votar. A empresa deve ser bem transparente com o que está fazendo.

Já as preferenciais são as que, em geral, dão preferência ao pagamento de dividendos, daí o nome. Mas, mesmo se a pessoa tiver uma ação preferencial, ela deve verificar no estatuto da empresa a informação que diz se os dividendos são pagos preferencialmente ou não. Apesar de ser muito rara a não preferência, fica aqui a recomendação para que você sempre leia o estatuto da empresa em que você está investindo. Por fim, as *units* são uma soma das ordinárias e preferenciais, como expliquei um pouco antes.

Para avaliar uma ação, no entanto, o trabalho do investidor não se limita a saber se ela tem final 3, 4, 5, 6 ou 11. Obviamente, existe uma série de pontos que são importantes e devem ser levados em conta no momento de escolher uma ação para saber se ela é boa ou não. Na Bolsa, as ações são classificadas de acordo com o chamado segmento de listagem das empresas, que determina os principais níveis de governança corporativa; são eles: Básico, Nível 1, Nível 2, Novo Mercado, B3 – Bovespa Mais e Bovespa Mais Nível 2.[84]

O segmento Básico não conta com regras diferenciadas de governança corporativa em relação aos demais segmentos, ou seja, as empresas desta categoria cumprem menos requisitos em comparação com as outras companhias dos outros segmentos. Para as empresas de Nível 1 temos uma governança não tão criteriosa com a divulgação de algumas informações exigidas por lei e manutenção de 25% das ações comercializadas no mercado.[85] Também são práticas obrigatórias desse nível a divulgação de informações sobre os contratos com partes relacionadas, a divulgação de acordos de acionistas e o anúncio de um calendário anual de eventos corporativos. Em outras palavras, na comparação com o Nível Básico, as empresas do Nível 1 devem seguir uma série de determinações da Bolsa para ter uma relação bem mais transparente com quem investe em suas ações.

Para a classificação de Nível 2, a empresa precisa atender a todas as exigências do Nível 1 e, além disso, adotar outras práticas de governança e de direitos adicionais para os acionistas minoritários, com ações ordinárias e preferenciais. É um segmento que está logo abaixo do Novo Mercado, sobre o qual falaremos adiante, e os critérios incluem mandato unificado de dois anos para todo o conselho de administração, a disponibilização de um balanço anual, entre outras determinações.

Segundo a B3, o Novo Mercado, segmento que foi criado em 2000, estabeleceu um padrão de governança corporativa e transparência exigido pelos investidores para as novas aberturas de capital, sendo recomendado para empresas que pretendam realizar ofertas grandes e direcionadas de ações a qualquer tipo de investidor, sejam institucionais, pessoas físicas, estrangeiros etc.

Desde 2010, o Novo Mercado se firmou como um segmento destinado à negociação de ações de empresas que adotam, de maneira voluntária, práticas de governança corporativa adicionais às exigidas pela legislação brasileira. A listagem nesse segmento implica a adoção de um conjunto de regras societárias determinadas pela B3, que ampliam os direitos dos acionistas, além da divulgação de políticas e existência de estruturas de fiscalização e controle.[86]

O Novo Mercado conduz as empresas ao mais elevado padrão de governança corporativa. As empresas listadas nesse segmento podem emitir apenas ações com direito de voto, as chamadas ações ordinárias (ON). Empresas como WEG, Fleury ou Magalu, todas do segmento Novo Mercado, para citar companhias de setores distintos, têm todas as suas ações com final 3.

Para o Novo Mercado, o percentual mínimo de ações em circulação, o chamado *free float*, varia entre 25% e 15%.[87] Além disso, a concessão de *tag along* neste segmento é de 100% para ações ON. Há regras específicas

RUMO À RIQUEZA

no Novo Mercado também para a OPA (oferta pública de aquisição de ações). Mas o que é isso? A OPA é o oposto do IPO. Como falamos, quando uma empresa quer abrir seu capital e entrar na Bolsa, coloca suas ações em negociação, isso é o IPO. Quando uma companhia anuncia que está comprando seus papéis dos acionistas minoritários, trata-se do OPA.[88]

Em algumas ocasiões, a empresa compra suas ações com o objetivo de fechar seu capital, ou seja, sair da Bolsa. No entanto, algumas OPAs podem ser feitas para a compra de grandes lotes de ações, com o objetivo de assumir o controle da empresa. Todos os fechamentos de capital, no entanto, ocorrem por meio de OPAs.

No caso das empresas do Novo Mercado, a realização de uma OPA deve ocorrer por preço justo, com quórum de aceitação ou concordância com a saída do segmento de mais de um terço dos titulares das ações em circulação (ou percentual maior previsto no Estatuto Social). Dessa maneira, o segmento torna sua relação com os investidores mais transparente e equilibrada em comparação a companhias de outros segmentos.

Outro diferencial do Novo Mercado em relação aos demais segmentos é a implementação obrigatória de funções de *compliance*, controles internos e riscos corporativos, o que coloca as práticas dessas companhias em um patamar de excelência em relação às demais empresas dos outros segmentos. No Nível 2, Nível 1 e Básico, tais pontos são facultativos.

No segmento Bovespa Mais, temos captações menores de capital quando comparadas ao Novo Mercado, mas que são correspondentes para as empresas que gostariam de fazer a entrada na B3 de maneira gradual, ou seja, a ideia é que a empresa seja listada na B3, entretanto, ela pode fazer o IPO em até sete anos, entrando aos poucos nesse mercado tão vasto.[89]

Por fim, para fecharmos o tópico, temos também as empresas listadas no segmento Bovespa Mais Nível 2, que é parecido com o anterior, mas com empresas que mantêm ações preferenciais, ou seja, os acionistas têm direito de 100% de *tag along* do preço pago pelas ações caso a empresa decida vender o controle da empresa a terceiros. O direito ao voto também está previsto nessa modalidade e a aprovação de fusões e incorporações também.[90]

Neste tópico falamos, portanto, sobre ações ordinárias, ações preferenciais e segmentos indicados de ações na Bolsa, avaliando qual é o seu nível de interferência e decisão de acordo com as ações que pretende comprar. Você deve, portanto, verificar todas as pontas sobre as quais comentamos antes de adquirir uma ação para que saiba exatamente qual é a proposta da companhia.

ETF[91]

Esse mercado é muito conhecido em nosso país, mas também no exterior e aqui foi regulamentado em 2002, mas ganhou relevância na carteira dos investidores apenas recentemente. O Exchange Traded Fund (ETF) funciona como uma cestinha com algumas ações das empresas que mais têm participação no índice Bovespa. Portanto, por exemplo, você pode ter uma cesta com ações da Vale, Petrobras, Ambev etc. Enfim, trata-se de uma reunião de ações de empresas consolidadas. Um ETF nada mais é do que um fundo de investimentos, ou seja, representa uma espécie de conglomerado de investidores que aplicam seus recursos em conjunto. Ele possui, no entanto, algumas características específicas que o distinguem dos fundos tradicionais.

Nessa modalidade temos em quase todos os casos um **índice de referência** atrelado ao ETF, o que significa que essa modalidade pode estar vinculada ao índice Bovespa, por exemplo, e nesse caso a rentabilidade será semelhante a esse índice. O gestor, portanto, escolherá ações para a composição do ETF de modo sua rentabilidade seja parecida com esse indicador.

Em nosso mercado nacional, os ETFs de renda variável estão disponíveis em maior número e, em maio de 2020, havia mais de vinte opções listadas. Entretanto, vale ressaltar que existem também os que focam a renda fixa e replicam índices formados por títulos públicos com diferentes prazos médios de vencimento. Por aqui, há também ETF das chamadas *small caps*, que são empresas menores, com valor de mercado variando entre 1 bilhão e 10 bilhões de reais.[92] Portanto, centro dessa cestinha só vai ter ações de companhias com este perfil.

Existe também um ETF chamado BOVA11, que reúne ações das empresas mais representativas do índice Bovespa; outro é o DIVO11, que tem ações das empresas que pagaram bons dividendos nos últimos vinte e quatro meses.

Para entender melhor como funcionam os ETFs, imagine que você está em uma feira e vai escolher algumas frutas para colocar em sua cestinha. No caso do ETF, estamos falando de ações variadas que podem estar dentro dessa cesta e que, por sua vez, são escolhidas pelo gestor do ETF, que cobra uma taxa de administração. No entanto, a pessoa deve saber que há tributação envolvida. Ela é composta de uma alíquota fixa de 15% sobre o ganho do investidor com a operação. O IR deve ser recolhido até o último dia útil do mês seguinte ao da operação. Para pagar o imposto, você precisa emitir um Documento de Arrecadação de Receitas Federais (Darf), que pode ser encontrado no site da Receita Federal.[93]

Alguns investidores não gostam do ETF, porque a pessoa é obrigada a aceitar uma cestinha predefinida. Portanto, não é permitido chegar e falar: "Ah, não gosto dessa ação, vou trocar". Com isso, muitos investidores preferem investir direto nas ações, podendo escolher o que querem.

Já quem está iniciando, pode ter o pensamento: *Não sei direito no que investir, quero comprar um ETF*. Está tudo bem, também. Talvez, para essa pessoa, seja melhor investir em um ETF do que comprar um monte de ações e correr o risco de ter uma rentabilidade péssima. Mas a pessoa deve estar ciente de que está comprando uma cesta de ações que não podem ser trocadas. Se souber disso e que tem tributação na venda, sem problemas. Ou seja, isso é uma escolha individual de cada investidor dependendo da estratégia traçada.

SETORES PERENES E VOLÁTEIS

Na Bolsa, há empresa de alguns setores considerados perenes e, com isso, mais seguros. Imagine que existem algumas coisas que nunca vão poder faltar, como, por exemplo, eletricidade, saneamento, banco, seguro etc. São o tipo de serviço de que, independentemente de possíveis crises, todas as pessoas continuarão precisando. Portanto, empresas desses setores representam ações mais perenes, ou seja, menos voláteis, mais defensivas. Quando for escolher as ações para montar a sua carteira, você deve, portanto, ficar de olho nesses setores.

Há outros segmentos, entretanto, que são mais voláteis, pois seu desempenho depende de muitos fatores. Um bom exemplo disso é a construção civil. Em 2019, o setor viveu um bom momento, uma vez que a taxa de juros baixa facilitou a compra de imóveis.[94] No entanto, em 2018, por exemplo, a construção civil viveu um péssimo período. Por isso, costumamos dizer que se trata de um setor cíclico, que passa por ciclos positivos e negativos. O resultado depende de muita coisa, da economia do Brasil, do cenário externo, da taxa de juros.

Diante disso, quem deseja montar uma carteira de investimentos deve fazer a lição de casa. É fundamental acompanhar o noticiário e buscar dados em fontes confiáveis. O que ocorre na economia do país tem impacto direto nas aplicações. Procure se informar e ter assessoria de quem detém conhecimento deste universo. Estude, leia, aprenda. Somente assim você se tornará amanhã um investidor melhor do que é hoje.

FUNDOS IMOBILIÁRIOS[95]

Você sabia que é possível investir em lugares que você possivelmente frequenta, como shopping centers? O nome do investimento é Fundo de Investimento Imobiliário, ou FII. Podemos dizer que eles são uma maneira "mais simples", digamos assim, para que você invista o seu dinheiro em imóveis diversos. É possível, por exemplo, aplicar em fundos de shopping centers, galpões logísticos ou lajes corporativas.[96] O mercado oferece dezenas de opções em fundos imobiliários. Há os chamados fundos de papel, que são aqueles que investem em CRIs, por exemplo, que são dívidas imobiliárias, recebíveis. Mas há também fundos que são híbridos, em que você pode investir em um galpão logístico e em um shopping ao mesmo tempo. Neste formato, existem algumas alternativas bem conhecidas no mercado.

Uma das vantagens desse tipo de aplicação é que é possível investir nela com menos de 10 reais, pois você consegue adquirir uma cota neste valor. Sempre que nos referimos a um fundo, aliás, é preciso entender que se trata de uma aplicação administrada por alguém, e

RUMO À RIQUEZA

você se transforma em cotista. Lembram-se de quando falamos dos gestores de fundos? Funciona da mesma maneira. Portanto, o primeiro passo é saber a história desse gestor, verificar se ele é um bom administrador. Para isso, como sempre digo, é preciso estudar. Avalie cada fundo imobiliário, verifique como ele vem rendendo ao longo dos anos.

Cheque os resultados do fundo ao longo dos últimos cinco ou, ao menos, três anos. Analise também a taxa de administração. Muitas vezes, esses fundos têm ainda uma taxa de performance. E o que isso significa? Lembra que expliquei algumas páginas atrás sobre benchmark? Pois bem, a evolução do mercado de fundos de investimento imobiliários motivou a criação do Ifix, o benchmark utilizado para esse segmento. Nesse caso, a B3 monta e atualiza uma carteira teórica de fundos imobiliários com base na ideia de retorno total.

Ou seja, a Bolsa considera, além da variação dos preços das cotas negociadas no mercado, a distribuição de proventos, que é o nome dado aos benefícios distribuídos pelas empresas aos seus acionistas.[97] Se o gestor do fundo consegue ultrapassar o rendimento do Ifix, pelas regras do mercado, ele pode ganhar a chamada taxa de performance, que muitas vezes corresponde a 20% do rendimento.[98] Ou seja, além da taxa de administração tradicional, o investidor deve checar taxas adicionais, como a de performance. Portanto, é preciso verificar isso com atenção na lâmina do fundo imobiliário. Uma forma de acessar tais informações é por meio de sites como o Funds Explorer (www.fundsexplorer.com.br), especializado em informações sobre fundos de investimento.

Outra peculiaridade relacionada aos fundos imobiliários é a chamada gestão ativa ou passiva. No caso de uma gestão ativa, o gestor tem a possibilidade de mexer nos ativos que compõem o fundo. Ele pode, por exemplo, escolher um imóvel, constatar que não está rendendo como ele gostaria e trocá-lo em busca de uma rentabilidade maior. Com isso, o objetivo é tentar ultrapassar o Ifix. Já no caso de um fundo com gestão passiva, no entanto, o administrador não pode fazer tais alterações. Os imóveis são definidos no início e depois não é possível fazer alterações. Quem escolhe se a gestão será passiva ou ativa é o próprio administrador do fundo.

Pelas razões que apresentei até aqui, você consegue compreender por que muitas pessoas atualmente escolhem os fundos imobiliários para investir. Um dos principais fatores é a facilidade, uma vez que um imóvel, por exemplo, não possui liquidez imediata, isto é, não pode ser vendido imediatamente. Já as cotas de fundos imobiliários podem ser negociadas todos os dias, em um sistema de compra e venda, como ocorre com as ações.

Outro ponto é que você pode vender cotas. Portanto, não é igual a uma casa, que teria que ser negociada inteira, já que você não consegue vender apenas uma parte dela, como a sala ou o banheiro. A liquidez, portanto, é um ponto que faz muita diferença para os investidores. Além disso, os fundos imobiliários pagam dividendos mensais, que são como aluguéis que você recebe por fazer parte daquele fundo e investir no imóvel, e são isentos de Imposto de Renda, que é pago pelo fundo, e não pelo investidor. Apesar disso, há tributação de IR quando o investidor vende cotas do fundo.

Como isso funciona? Quando um investidor de fundo imobiliário vende uma cota, ele precisa emitir um Darf, sobre o qual falamos anteriormente, sobre o lucro. Vamos a um exemplo prático: uma pessoa comprou uma cota por 100 reais e vendeu por 200 reais, obtendo 100 de lucro. Ela precisa emitir um Darf até o dia seguinte da venda e pagar 20% sobre o lucro que ela obteve na cota. No nosso exemplo, o valor do imposto seria 20 reais. É importante levar todos esses detalhes em consideração, pois não é possível fugir da Receita Federal.

A partir de março de 2020, com a pandemia da covid-19, alguns segmentos dentro desse mercado viveram momentos delicados. Foi o caso de fundos de shopping centers, que sofreram impactos em razão da alta inadimplência, decorrente das dificuldades pelas quais muitas lojas passaram. É importante o investidor compreender que, algumas vezes, um fundo pode passar por problemas eventuais ou um momento mais delicado e, diante disso, não pagar dividendos ou pagar menos. Tudo isso é natural. Isso não quer dizer que tal fundo seja ruim, mas pode acontecer pontualmente.

Por isso, a recomendação é de se observar a performance do fundo em um prazo mais longo antes de decidir investir. Qual é o patrimônio líquido que ele tem? Quais são os ativos que possui? Eles estão bem localizados? Por exemplo, na minha opinião, o shopping center continuará sendo o entretenimento do brasileiro por muitos anos, portanto fundos imobiliários de shopping centers tendem a ser um bom investimento. Logo, não é porque determinada área vive um momento mais difícil que deve ser descartada.

RUMO À RIQUEZA
FUNDOS DE AÇÕES[99]

Assim como vimos com os fundos de investimentos imobiliários, os fundos de ações são administrados por um gestor, e ele é o responsável por adotar as estratégias de investimento do fundo. Pelas regras da CVM (Comissão de Valores Mobiliários), responsável por fiscalizar, normatizar, e desenvolver o mercado de valores mobiliários no Brasil, esses fundos são obrigados a investir no mínimo 67% do total de seus ativos em ações.[100] O restante pode ser distribuído em outros bens variados, como câmbio, dólar, ouro etc. Essa seleção é opcional de cada fundo.

Quem considera investir em fundos de ações deve saber que eles também têm taxa de administração e de performance. Por isso, é importante verificar se tal taxa não está muito alta. Além disso, seguindo as normas da CVM, as taxas do fundo devem ser descontadas antes da rentabilidade divulgada, ou seja, antes do valor da cota; portanto, quando comparamos a rentabilidade de fundos, podemos ver o resultado líquido obtido, após todos os descontos de taxas. Deste modo, a divulgação dessas informações facilita quando queremos comparar os resultados gerais dos fundos, entretanto, vale lembrar que antes de colocar o seu dinheiro é necessário avaliar documentos, como o regulamento ou a lâmina de informações essenciais. Para essa modalidade existem algumas outras despesas que você poderá encontrar nessa lâmina de informações, como despesas de corretagem, custódia e liquidação financeira de operações e de auditoria.[101]

Por conta dessas taxas, o investidor deve sempre olhar atentamente a lâmina do fundo. Observe o desempenho do fundo nos últimos anos, verifique se ele vem conseguindo uma boa rentabilidade em relação ao índice Bovespa, que é o benchmark dos fundos de ações. Em geral, a taxa de performance cobrada pelo fundo é de 20% do que exceder o benchmark.

O mercado tem fundos para todos os perfis de investidores. Existem alguns que são mais moderados, enquanto outros são mais arriscados. Logo, é preciso tomar cuidado. Em geral, a corretora já informa por escrito sobre algumas dessas características do fundo justamente para a pessoa ter ciência, já que, se ela entrar em um fundo muito arriscado, precisa entrar sabendo disso.

O INVESTIDOR ILUMINADO

Nesse âmbito, você encontrará investimentos de muitos tipos. Há fundos de ações setoriais, que investem em ações de determinados segmentos, como bancos ou empresas do setor energético, por exemplo. Existem outros que buscam ações que pagam mais dividendos. O mercado também oferece fundos de ações que têm por estratégia investir nas *small caps*, sobre as quais vimos anteriormente. Outros fundos atuam com a chamada estratégia *long & short*.[102]

Temos ainda fundos que têm por método "operar vendido", o que, no mercado financeiro, significa lucrar quando uma determinada ação cai. Tal prática também é conhecida como "operações *short*" ou venda a descoberto.[103] Por esta estratégia, o gestor analisa a oscilação de um ativo. Ao perceber uma tendência de queda, ele monta um plano para operar vendido e obter lucro.

Ao operar vendido, o gestor vende um ativo por um determinado preço com o objetivo de esperar que ele desvalorize. Ao fim da operação, compra-se o ativo de volta pela cotação atual. O lucro será a diferença entre o preço de venda e o de compra. O risco dessa operação é a tendência de queda não se confirmar; caso isso ocorra e o valor do ativo suba, a pessoa terá prejuízo. Para fazer esse tipo de operação, no entanto, o gestor precisa ter muita experiência, porque não é fácil acertar se uma ação vai subir ou descer. Portanto, é algo que requer bastante cuidado.

Outro ponto a ser considerado sobre os fundos de ações é que muitos deles têm uma cotização, que nada mais é do que o tempo que o fundo de investimento leva para transformar as cotas em dinheiro, contando a partir da data do pedido de resgate.[104] Por exemplo, você entra em um fundo e vê uma cotização D+30 ou D+3. O que isso significa? Se você sair de um fundo D+30 hoje, vai receber o seu dinheiro daqui a trinta dias. Já se for um fundo D+3, três dias após a venda você recebe seu dinheiro. Por isso, você deve olhar a cotização do fundo antes de aplicar seu dinheiro.

"Mas, Carol, como é que eu vou saber de tudo isso?"

Bom, você tem todo o direito de acessar seu banco ou corretora e perguntar. Você deve procurá-los e dizer: "Quero ver a lâmina de determinado fundo". É lá que tudo isso estará descrito. Para facilitar a opção do investidor, a CVM disponibiliza em sua página na internet (www.cvm.gov.br) informações sobre as taxas, entre outras sobre os fundos de investimento.

RUMO À RIQUEZA

Por exemplo, qual é a gestão desse fundo, no que ele investe, qual é a estratégia, qual é a taxa de administração, como está a rentabilidade.

Muita gente me pergunta: "Vale a pena investir em fundos de ações?". Costumo dizer o seguinte: é melhor entregar uma Ferrari para alguém que saiba o que fazer do que tentar dirigi-la e batê-la por não saber conduzi-la. Portanto, para um iniciante, alguém que não conhece o mundo dos investimentos, é possível pegar bons fundos de ações, avaliar bem o seu perfil investidor, se é moderado ou agressivo, por exemplo, e fazer um investimento válido. Como sempre, é preciso estudar, verificar se o gestor tem uma boa história, se é de confiança.

Já para uma pessoa que tem um conhecimento mais avançado, que tem confiança de investir sozinha, muitas vezes é preferível aplicar direto nas ações que deseja a ter um gestor. Com isso, o investimento deixa de ter taxa de administração ou o imposto do fundo, sobre o que falaremos adiante.

A conclusão é que, por todas essas questões, talvez valha a pena investir se a rentabilidade do fundo for boa, possuir um bom histórico, se houver um bom gestor e se você for um investidor iniciante ou que não tem tempo de investir sozinho e prefere ter ajuda. No caso dos fundos de ações, a incidência do Imposto de Renda é de 15% já retido na fonte. E, caso você saia de um fundo, é bom saber que existem opções que seguem a regra do come-cotas.[105] Por isso, mais uma vez, antes de colocar o seu dinheiro, é preciso olhar para todos os detalhes.

Nossa, o que foi este capítulo, hein? Aposto que agora você sabe muuuito mais sobre investimentos do que na virada da primeira página. Acredite, este livro foi feito com todo o carinho, com toda a minha energia positiva e, posso dizer, com todo o meu amor. Mas calma que ainda não acabou: Tome um copo d'água, alongue braços e pernas, e vamos encarar o próximo capítulo, repleto de mais lições que quero compartilhar com você para que me acompanhe e possamos voar juntos. Vamos lá!

"ACREDITE, ESTE LIVRO FOI FEITO COM TODO O CARINHO, COM TODA A MINHA ENERGIA POSITIVA E, POSSO DIZER, COM TODO O MEU AMOR."

@caroldias

9

É HORA DE APROFUNDAR UM POUCO MAIS

Olá,

meus amores, espero que estejam gostando do livro até agora! Com tudo o que vimos até agora, tenho certeza de que você já se tornou praticamente um ninja no universo dos investimentos. Ações, IPO, *follow-on*, fundos imobiliários, fundos de ações... Seu vocabulário ganhou uma série de novos termos. Mas garanto que há ainda mais coisas a ver. Porque meu objetivo é levar você ao caminho da riqueza, à conquista dos seus sonhos, para que você tenha mais liberdade para pensar e agir. E também para poder multiplicar esses ensinamentos com seus amigos, familiares e até fazer deste nosso planeta um lugar melhor para todos. Por que não? Iniciamos aqui um novo capítulo e, a partir de agora, seguiremos com outros tópicos que são imprescindíveis para investir e agora aprofundando um pouco mais sobre os temas que vimos anteriormente.

Assim, veremos a partir de agora novos conceitos que o levarão para mais perto da prosperidade financeira. Então, você já sabe: vem comigo!

RUMO À RIQUEZA

INDICADORES FUNDAMENTALISTAS [106 107 108 109]

Quando falamos sobre a avaliação das empresas, muitas pessoas me perguntam quais são os critérios que utilizo para fazer essa primeira checagem. Para explicar essa tarefa, acho importante analisarmos primeiro os indicadores fundamentalistas, que são dados específicos de uma empresa cujo objetivo é nos ajudar a fazer uma análise criteriosa para avaliar se uma aplicação é boa ou ruim. No mundo dos investimentos, os chamados "fundamentos" são uma série de parâmetros que indicam a saúde financeira da empresa e dão alguma pista sobre suas perspectivas de crescimento. Eles são em grande parte calculados a partir de dados divulgados no balanço patrimonial que uma empresa é obrigada a publicar. Alguns são mais importantes do que outros. Então, deixe-me apresentar cada um deles.

Uma dica: antes de iniciarmos, acho importante dar uma orientação para você, caro leitor. Para fazer as análises, costumo utilizar um site chamado Fundamentus (www.fundamentus.com.br). Nele, já de início, temos acesso à cotação das ações da empresa, ao setor que ela integra e ao subsetor, entre muitos outros dados importantes. Todos os indicadores fundamentalistas sobre os quais trataremos neste capítulo podem ser encontrados nesse site ou em outros similares, como, por exemplo, o Oceans 14 (www.oceans14.com.br).

Por que digo isso? Na página da B3 (www.b3.com.br), por exemplo, você também encontra os dados das empresas, assim como nas páginas de RI (relações com investidores) das companhias listadas na Bolsa, ou seja, aquelas de capital aberto e que negociam suas ações no mercado.

No entanto, em muitas dessas páginas as informações não aparecerão "prontas" ou "mastigadas", digamos assim, como em sites especializados. Diante disso, será preciso que você tenha conhecimento para encontrar o que procura a partir dos dados que estão disponibilizados ali. Por exemplo, o site Fundamentus, assim como outros sites que oferecem serviço similares, já traz expressos os indicadores fundamentalistas como o P/VP (preço sobre o valor patrimonial). Basta achar, clicar e pronto! Já na B3 ou em muitos sites de RI das empresas, você precisará localizar o preço da ação e dividir pelo valor patrimonial a fim de encontrar esse indicador e

É HORA DE APROFUNDAR UM POUCO MAIS

realizar a análise daquele papel. Ou seja, dá para fazer, é importante que você aprenda a fazer, mas é um pouquinho mais trabalhoso.

Uma vez diante dos dados, é fundamental saber como interpretá-los. Por exemplo, imagine que você observa as ações de uma empresa do setor financeiro e do subsetor bancário, que, como já vimos, é considerado um setor perene. Ou seja, que costuma sofrer menos durante turbulências do mercado. Entretanto, um alerta: considere que estejamos passando por uma crise, a exemplo do que ocorreu a partir de 2020, em decorrência da pandemia da covid-19. Em uma situação como essa, eu recomendo que você comece verificando o valor de mercado da empresa, algo calculado quando se multiplica o número de ações da companhia pela cotação do dia.

Por fim, qualquer indicador fundamentalista não deve ser avaliado individualmente, uma vez que todos eles estão interligados. Você deve pensar como um médico, que, diante de um paciente com febre ou tosse, pede exames adicionais para saber o diagnóstico e decidir sobre o melhor tratamento. Para investir bem seu dinheiro, estude, estude e estude.

PATRIMÔNIO LÍQUIDO (PL). Indicador valioso para a empresa, trata-se da diferença entre os ativos e os passivos que ela possui, ou seja, ativos menos passivos. Os ativos são considerados tudo aquilo que é propriedade da empresa: maquinário, fábricas, além do que ela tem para receber. Já os passivos são as obrigações, dívidas e compromissos com fornecedores. O investidor utiliza o PL para alcançar outros indicadores. É importante saber que, algumas vezes, empresas registram um patrimônio líquido negativo, ou seja, suas obrigações com terceiros são superiores ao total que ela ganharia se vendesse hoje tudo o que tem. Isso pode ser considerado algo normal, sobretudo em empresas que contratam financiamento para investir em novos equipamentos ou no desenvolvimento de novos produtos, por exemplo, com a perspectiva de crescer mais no futuro próximo. No caso de empresas de tecnologia, também é comum que o patrimônio líquido esteja negativo ou pareça baixo, visto que vender software não depende de um estoque físico que se possa avaliar, apenas do download – que praticamente só é limitado pela quantidade de pessoas que possam querer comprá-lo.

RUMO À RIQUEZA

Também pode ocorrer de o patrimônio líquido registrado por uma empresa ser bem inferior ao valor de mercado dela. Com isso, se o patrimônio é inferior ao valor de mercado, em geral temos ações mais caras para negociar. Um ponto importante a ser levado em conta na hora de analisar ações é comparar empresas do mesmo setor, uma vez que os indicadores fundamentalistas variam muito. Uma boa relação entre valor de mercado e patrimônio no setor de varejo, por exemplo, é geralmente diferente de uma boa relação no setor de tecnologia, ou no setor financeiro. Dessa maneira, minha recomendação é que, ao investir, você compare sempre banco com banco, setor elétrico com setor elétrico etc.

Quando observamos apenas o patrimônio líquido de uma companhia, não faz muita diferença saber se ele é negativo ou positivo para uma tomada decisão sobre investir. Diante de um PL negativo, com muitas dívidas (passivos) registradas, é preciso que seja feita uma análise bem mais aprofundada, verificando, por exemplo, todos os indicadores relacionados às dívidas da empresa. O que quero dizer é que há dívidas que são contraídas para a expansão de um negócio, por exemplo, e que estão dentro da estratégia daquela empresa; enquanto existem outros tipos de dívidas que demonstram má gestão da companhia e significam risco maior para um investidor. É preciso, portanto, saber diferenciar cada situação por meio do estudo dos indicadores.

PREÇO SOBRE O VALOR PATRIMONIAL (P/VP). Mais um indicador de grande relevância é o P/VP, que significa o preço da ação dividido pelo valor patrimonial por ação. Este dado informa quanto o mercado está disposto a pagar sobre o patrimônio líquido da empresa. Mas qual é o P/VP ideal? Como vimos ao falar sobre o patrimônio líquido, depende. Em setores mais tradicionais, os especialistas do mercado costumam considerar bom um índice de 1 a 1,5. Se estiver abaixo de 1, a ação parece barata. Se o P/VP estiver em torno de 1, significa que o valor de mercado da empresa é semelhante ao patrimônio dela. Caso o P/VP esteja acima de 1,5, e se a empresa não estiver em crescimento, pode acontecer que a ação esteja cara. Mas, atenção: isso não significa que uma empresa que apresente um P/VP alto seja ruim. Já vimos que empresas de tecnologia costumam ter um valor

É HORA DE APROFUNDAR UM POUCO MAIS

patrimonial relativamente baixo em relação ao seu valor de mercado. Quem opera com fundos imobiliários geralmente acha complicado usar o P/VP como guia, porque a valoração de um imóvel depende de muitos fatores que não entram no balanço, como a localização e o entorno. Por isso, repito: é preciso avaliar os dados em conjunto, todos os indicadores, já que estão interligados.

Vamos a um exemplo prático: para chegar ao valor do P/VP devemos pegar o preço da ação no momento e dividir pelo valor patrimonial da companhia. Vamos considerar uma empresa X, que tenha valor patrimonial de 100 mil reais. Imagine que, neste cenário, o mercado esteja pagando um P/VP de 2 por ação, o que significa 200 mil reais. Como interpretar este dado? Será que essa empresa vale tudo isso? Para contextualizar, é preciso entender que, às vezes, o mercado paga um valor de acordo com uma perspectiva de lucro futuro. Um exemplo de algo nesse sentido ocorre com as empresas de tecnologia, como a Amazon, por exemplo.

Algo similar ocorre no sentido oposto. Quando o P/VP está abaixo de 1, pode significar que o mercado está considerando um risco futuro, como o de falência da empresa, por exemplo. Mas isso não quer dizer que um P/VP baixo indica que a companhia é ruim ou que vai falir. Há ótimas empresas que, por razões diversas e circunstanciais, podem registrar um P/VP baixo. Por isso, sempre devemos analisar um dado de maneira integrada a outros indicadores, sempre avaliando um conjunto de fatores para uma melhor tomada de decisão.

RETURN ON EQUITY (ROE). Na lista de indicadores valiosos, não pode ficar de fora o ROE, ou *Return On Equity*, retorno sobre o patrimônio líquido na tradução do inglês. Ele representa o lucro líquido dividido pelo patrimônio líquido, que pode ser traduzido assim: quanto de retorno a empresa consegue trazer com o seu patrimônio. Ao avaliar uma empresa para investir meu dinheiro, considero que o ROE é positivo quando está acima de 10%. Explico: imagine uma empresa com 100 mil reais registrados de patrimônio líquido, por exemplo, e um ROE de 10%, ou seja, acima de dois dígitos. Trata-se de um bom retorno sobre o patrimônio, nesse caso, 10 mil reais.

RUMO À RIQUEZA

Em contrapartida, quando o ROE da empresa está abaixo de dois dígitos, podemos interpretar isso como um indício de que o retorno sobre o patrimônio talvez não justifique o risco existente para o investidor. Vamos a um exemplo: pense em uma empresa com ROE abaixo de 2%. Será que vale a pena você aplicar seu dinheiro em uma ação dela? Provavelmente não, pois o risco desse investimento na renda variável acaba sendo muito grande.

PREÇO SOBRE LUCRO. Conhecido como P/L, tal indicador se refere ao preço da ação dividido pelo lucro por ação. Considero este outro indicador fundamentalista importante. Ele pode ser entendido como o número de anos que se levaria para reaver o capital aplicado na compra da ação por meio do recebimento do lucro gerado pela empresa, considerando que esse lucro permaneça constante. Na minha visão, um bom número de P/L é até 10 ou 15, mas, novamente, um P/L alto não significa que a empresa seja ruim. É preciso avaliar tal dado em conjunto com outros.

Assim como ocorre com o cálculo do P/VP, no indicador P/L, estamos nos referindo a quanto o mercado está disposto a pagar pela ação diante da realidade atual da companhia. Imagine que, na data de hoje, você comprou uma ação por 10 reais, e o lucro que a empresa gera por ano é de 100 mil reais; se o P/L dela é 10, isso significa que em dez anos (se a empresa seguir com a mesma cotação e o mesmo lucro) você terá de volta a quantia total de dinheiro que investiu. Sendo que o retorno vem de acordo com os dividendos que a empresa está distribuindo. Logo, qualquer mudança vai alterar tal indicador.

DIVIDEND YIELD (DY). É conhecido como o dividendo pago pela ação dividido pelo preço da ação, um indicador que deve ser levado em conta na hora de avaliar o investimento em uma empresa. Ele mostra o percentual pago de provento, que é todo pagamento que o acionista recebe, como bonificação, dividendos etc., em relação ao preço da ação. Agora, será que é preciso olhar se toda empresa paga bons dividendos? Não. Depende do que você procura. Em geral, empresas mais sólidas, consolidadas na Bolsa, pagam bons dividendos. E há companhias que reinvestem os lucros no próprio negócio para continuar crescendo. Que

É HORA DE APROFUNDAR UM POUCO MAIS

é o caso, por exemplo, das *small caps*, que são empresas com um valor de mercado menor, mas que têm chances de crescer.

Imagine uma empresa que seja líder absoluta em sua área de atuação e que, portanto, não tem muito mais para onde crescer. O desafio dela está mais em manter sua posição, seguir líder do ranking etc. No mercado de ações, companhias com tais características são chamadas de "vacas leiteiras", uma vez que elas dividem a maior parte dos seus dividendos entre os acionistas. Sabendo disso, podemos concluir que, em contrapartida, empresas que querem crescer distribuem menos dividendos, uma vez que priorizam os recursos para reinvestir no próprio negócio a fim de se consolidar.

MARGEM BRUTA.[110] É o lucro bruto dividido pela receita líquida e indica a porcentagem de cada 1 real de venda que sobrou após o custo dos produtos/serviços vendidos. Ou seja, é a receita que sobra no bolso da empresa após ela comprar tudo o que precisa para entregar seu produto ao cliente, sem levar em conta as despesas administrativas e de vendas. É muito importante você avaliar a margem bruta da empresa caso queira se tornar sócio dela, por exemplo. Ela é um indicativo do quanto aquela empresa é lucrativa, o desempenho da lucratividade das vendas. Algo diferente da margem líquida, sobre a qual veremos mais adiante e que mostra a lucratividade do negócio. Portanto, muitos analistas utilizam a margem bruta para avaliar o desempenho da empresa.

Por meio desse indicador, o investidor tem condições de comparar determinada empresa com outras do mesmo setor. Por exemplo, imagine um grande banco que tenha uma margem bruta de 50%, enquanto outro, concorrente e tão grande quanto o primeiro, registra uma margem bruta de 60%. Isso significa que o segundo é mais eficiente em colocar a maior parte da receita dele como lucro no próprio negócio, sem levar em consideração as despesas que a empresa tem para produzir seus produtos ou serviços.

MARGEM EBIT.[111] A margem Ebit indica a capacidade que a empresa tem de gerar caixa. O Ebit é uma sigla em inglês que significa *Earnings Before Interest and Taxes*, ou seja, lucro antes de juros e impostos sobre

RUMO À RIQUEZA

a renda. Essa margem nos mostra o lucro que determinada empresa teve considerando apenas as atividades que exerce, pois é um indicador que não leva em conta despesas, gastos com impostos ou receitas financeiras. No Brasil, esse indicador também é conhecido como LAJIR (lucro antes de juros e tributos).

Ela é importante para compararmos empresas do mesmo setor. Qual das empresas está mais eficiente? Qual delas está mais lucrativa nos negócios? Quando fazemos isso, é possível verificar se o setor está forçando a margem Ebit para baixo. Isso ocorre quando vemos todas as empresas apresentando esse indicador relativamente baixo. Ou pode ocorrer de a margem de uma companhia estar muito baixa em relação às outras. A margem Ebit também é a margem operacional.

A comparação de empresas do mesmo setor também ajuda o investidor a saber quão mais eficiente é a operação de uma companhia em relação a outras. Vamos ilustrar o conceito com uma situação hipotética: imagine uma padaria A, que tenha um padeiro muito eficiente, que consegue fazer uma fornada de pães em apenas uma hora. Já em outra padaria, a B, o padeiro demora duas horas para fazer uma fornada de pães similar. Ou seja, a padaria A é mais eficiente em seu operacional e, automaticamente, sua margem de lucro operacional será maior do que a da padaria B.

MARGEM LÍQUIDA. [112] Outro indicador importante é a margem líquida, que é o lucro líquido dividido pela receita líquida e que mostra o quão lucrativa aquela empresa está sendo. Ela é um dos principais parâmetros para você levar em consideração na hora de analisar as ações das empresas das quais você quer ser sócio. Tal indicador mostra quanto de lucro líquido é gerado a partir de cada 1 real que entra no caixa da empresa depois que ela pagou despesas, tributos, impostos etc. Por isso, é fundamental olhar a margem líquida. Mas se uma empresa tem uma margem líquida baixa, isso quer dizer que ela é ruim? Não. Tem quem diga que não gosta de empresas do varejo, por exemplo, porque às vezes elas têm uma margem líquida baixa. Isso pode ocorrer com algumas companhias, mas, em compensação, elas vendem muito. Daí a margem é baixa, mas o lucro é alto.

É HORA DE APROFUNDAR UM POUCO MAIS

Costumamos dizer que a margem líquida é boa quando tem dois dígitos, porém, mais uma vez, é preciso levar em conta o setor. Para seguir no exemplo que dei anteriormente, a margem líquida é quanto a empresa coloca de lucro no próprio bolso quando consideramos toda a receita que ela teve em determinado período.

RETORNO SOBRE O CAPITAL INVESTIDO. [113] Conhecido como ROIC, é considerado também como mais um indicador importante. Ele é calculado dividindo-se o Ebit por ativos, fornecedores e caixa. Informa também o retorno que a empresa consegue sobre o capital total aplicado. Qualquer investidor quer saber, de fato, como a empresa está lucrando com cada 1 real que investiu nela, certo? Em geral, o ROIC indica quanto aquela empresa é capaz de gerar de lucro com o dinheiro do capital investido, o capital de terceiros, por exemplo, o seu, ou por meio de dívidas. O ROIC mostra a segurança do investimento. Quanto aquela empresa consegue gerar de retorno com o seu dinheiro investido, com todo o capital investido. Uma dica importante é que quanto mais próximo o ROIC estiver do ROE, significa que a empresa está menos endividada.

Imagine que você tem um dinheiro, 10 mil reais guardados, por exemplo, e decida investir na padaria do seu bairro. Mas a padaria tem um ROIC de 5%, ou seja, isso nos mostra que, dos 10 mil reais investidos, você terá um retorno de 500 reais. Mas considere que existe uma segunda opção de padaria com um ROIC de 10%, isso nos trará um retorno de mil reais com o capital de terceiros investido nela. Lembrando apenas que o retorno é para a empresa, ou seja, você se torna acionista de uma empresa mais eficiente. Pode não valer a pena você investir em uma empresa cujo retorno sobre o capital que está sendo investido nela seja inferior ao que pode ser obtido em uma aplicação da renda fixa, por exemplo.

CRESCIMENTO DE RECEITA LÍQUIDA. [114] Outro indicador fundamental a ser avaliado pelo investidor é o crescimento da receita líquida da empresa nos últimos cinco anos. Há empresas que apresentam esse indicador negativo durante esse período. O que isso significa? Que a empresa não cresceu nada nesse tempo. Quanto maior o crescimento de receita líquida, melhor. Com isso, sabemos se tratar de uma empresa que

RUMO À RIQUEZA

está se movimentando e se desenvolvendo, crescendo ao longo dos anos. Já uma empresa que só perde receita está perdendo para os concorrentes. Portanto, conhecer as formas para se calcular a receita líquida da empresa é de extrema importância para qualquer negócio independentemente do setor e do tamanho.

LIQUIDEZ CORRENTE. [115] Este indicador é calculado dividindo-se a soma dos direitos a curto prazo da empresa, também conhecida como ativo circulante, o que inclui contas de caixa, bancos, estoques e clientes a receber, pela soma das dívidas a curto prazo, ou seja, empréstimos, financiamentos, impostos e fornecedores a pagar, que compõem o passivo circulante. Podemos entendê-la assim:

Liquidez corrente = ativo circulante/passivo circulante

A partir do resultado obtido, podemos fazer a seguinte análise: se o índice for maior que 1, demonstra que a empresa possui caixa disponível para honrar suas obrigações (dívidas de curto prazo, até doze meses) com alguma folga. Caso seja igual a 1, significa que a empresa tem apenas caixa suficiente para honrar todos os seus compromissos. Se for menor que 1, a empresa não teria caixa disponível suficiente para quitar suas obrigações a curto prazo, caso fosse preciso.[116]

Gostei do exemplo das padarias, meu amor, então vou recorrer a ele novamente. Considere uma padaria que tenha um caixa de 100 mil reais. Agora imagine que ela tenha 50 mil reais em obrigações a pagar, por exemplo. Ou seja, a liquidez corrente dela é de 2. A leitura é que quanto maior a liquidez, melhor. Uma liquidez corrente menor que 1 indica que dificilmente a empresa terá saúde financeira para honrar compromissos nos próximos doze meses, podendo ter que vender ativos para conseguir "sobreviver". Será que você colocaria seu dinheiro nela?

DÍVIDA LÍQUIDA SOBRE EBITDA. A dívida líquida já sabemos o que é. Mas e o Ebitda? É uma sigla em inglês para lucros antes de juros, impostos, depreciação e amortização (*Earnings Before Interest, Taxes, Depreciation and Amortization*). Depreciação é o quanto um bem desvaloriza ao longo do tempo – lembre-se de que você nunca vai conseguir vender

É HORA DE APROFUNDAR UM POUCO MAIS

seu carro pelo mesmo preço que pagou ao comprar. Amortização é o pagamento de dívidas. Se são os lucros antes da depreciação e da amortização, então o valor do Ebitda costuma ser um pouco maior do que o do Ebit. Funciona como um ótimo medidor para checar quanto a empresa está gerando com suas atividades operacionais, sem incluir, claro, investimentos financeiros, impostos ou empréstimos.

Ou seja, ao dividirmos a dívida líquida pelo Ebitda, podemos verificar o quanto a empresa está endividada, o que representa o "grau de alavancagem". A leitura do índice deve ser feita em vezes, ou seja, se a dívida líquida/Ebitda for igual a 2, lê-se que é igual a 2 vezes. Mas o que isso significa, Carol? Significa que é preciso de duas vezes a geração de caixa da empresa para o pagamento da dívida líquida. Quanto maior for esse indicador, mais a empresa está endividada.[117] Empresas com a relação dívida líquida/Ebitda baixa ou negativa são consideradas como resistentes em momentos de crise por mostrarem que são geradoras de caixa, isto é, são empresas que possuem segurança.

DÍVIDA LÍQUIDA SOBRE PATRIMÔNIO LÍQUIDO.[118] Por fim, o último indicador sobre o qual falaremos diz respeito à dívida líquida sobre patrimônio líquido, utilizado para analisar o se a empresa utiliza o capital de terceiros para financiar as atividades que exerce em relação ao investimento dos acionistas. É normal as empresas pegarem empréstimos a juros mais baixos para investir no seu negócio e crescer. Mas uma dívida descontrolada pode quebrar uma empresa, e, por isso, outro indicador para o qual devemos olhar é a dívida líquida sobre o patrimônio líquido. Esse índice pode ser compreendido pela fórmula abaixo:

(Dívida líquida/patrimônio líquido) x 100 = índice de dívida líquida[119]

O resultado dessa equação indicará qual é a porcentagem do patrimônio líquido comprometida com a dívida da empresa. Quanto maior for, mais endividada ela está. E isso é um ponto de atenção para o investidor. Por exemplo, caso a empresa venha a falir, este indicador vai refletir o quanto do patrimônio líquido dela será capaz de cobrir todas as dívidas.

Meu amor, agora que você conheceu os principais indicadores fundamentalistas, tem condições de encontrar as informações para diagnosticar com muito mais propriedade se um investimento é vantajoso ou não. Sempre lembrando que eles não devem ser vistos de maneira isolada. Utilize esse novo conhecimento para encontrar as melhores aplicações para o seu perfil de investidor com base nos seus objetivos atuais e futuros com o dinheiro. Tenho certeza de que você irá muito mais longe com esses aprendizados, o que já me enche de alegria e orgulho.

INDICADORES DE FUNDOS IMOBILIÁRIOS[120]

Quando nos debruçamos sobre os fundos imobiliários, também há indicadores importantes que devem ser levados em conta. Mas, para quem está começando, o que é importante saber e onde encontrar os dados? Vimos que as empresas de capital aberto, ou seja, listadas na Bolsa devem informar dados para a verificação dos indicadores fundamentalistas e que isso é feito por meio das páginas de relações com investidores (RI) mantidas por elas. No caso dos fundos imobiliários, também existem as páginas de relações com investidores, que devem ter dados abastecidos pelos fundos. Além disso, há sites como o Funds Explorer (www.fundsexplorer.com.br), que já citamos, ou o Clube FII (www.clubefii.com.br), que divulgam os indicadores de fundos imobiliários.

Mas, Carol, o que devo olhar nesses sites?, posso imaginar que você esteja pensando. Vamos lá: um dos principais indicadores é a vacância, que aponta há quanto tempo determinado imóvel está vago. Quando um imóvel está livre há muito tempo, isso obviamente significa que o local não é muito alugado.[121]

Por exemplo, vamos supor que você tenha um fundo XYZ11 que seja de galpões. Se a vacância dele está em torno de 10% ou 15%, isso significa que ele está bem ocupado, já que a porcentagem de ocupação é de 90% ou 85%. Agora, vamos imaginar que a vacância desse fundo esteja em 85%. Neste caso, trata-se de algo bem ruim, pois indica que apenas o restante, 15% dele, está ocupado. Portanto, é importante olhar tal indicador.

A mesma ideia vale para inadimplência. Como está o pagamento de aluguéis? Há muita inadimplência? É possível saber por meio de

TENHO CERTEZA DE QUE VOCÊ IRÁ MUITO MAIS LONGE COM ESSES APRENDIZADOS, O QUE JÁ ME ENCHE DE ALEGRIA E ORGULHO.

@caroldias

indicadores. Vamos considerar um fundo ABC11 que seja de shopping centers, por exemplo. Pode ser de ótimos shopping centers, em capitais de estados. Se a inadimplência do fundo estiver em torno de 10% ou 15%, isso significa que a maioria dos inquilinos está pagando os aluguéis em dia, já que 90% ou 85% deles não estão inadimplentes. Agora, vamos imaginar que a inadimplência desse fundo esteja em 50%. Neste caso, trata-se de algo bem ruim, pois indica que metade dos inquilinos não estão pagando em dia os seus aluguéis, e isso vai impactar em tudo no fundo principalmente na distribuição de dividendos, ou seja, você vai receber menos.

Outro ponto a ser considerado é que existem fundos que são monoinquilinos, portanto, têm apenas um inquilino, enquanto há outros que são chamados de multi-inquilinos, em que, como o nome indica, existem vários inquilinos. Mas por que isso importa para o investidor? No caso de ser apenas um inquilino, se ele sai, não há outro, o espaço fica vazio. Já no multi-inquilino, por exemplo, se você está com, digamos, três inquilinos, e dois saem, ao menos você tem um. O fundo também pode ser monoimóvel, ou seja, ele investe em apenas um imóvel, entretanto, é sempre melhor negócio o fundo que tem vários imóveis, pois, com mais imóveis, há mais chances de ganhar dinheiro e ter mais inquilinos.

Sobre outros indicadores dos fundos imobiliários nós já tratamos anteriormente, no tópico sobre o tema. A taxa de administração, a taxa de performance, os dividendos pagos nos últimos anos, a rentabilidade, se ele tem gestão passiva ou ativa, quem é o gestor que administra o fundo, a história desse gestor sobre todos esses dados falamos lá atrás, e eles também devem ser considerados antes da compra.

Outro dado importante, tanto na hora de avaliar ações quanto fundos imobiliários, é o P/VP, já mencionado. Em um momento de crise, como ocorreu a partir de março de 2020 com a pandemia da covid-19, é comum que muitos fundos e ações apresentem P/VP abaixo de 1, que é a referência. Um bom investidor enxerga isso como uma oportunidade em meio a uma crise, uma vez que o preço da ação dividido pelo valor patrimonial está baixo, mesmo a empresa possuindo um excelente valor patrimonial. Portanto, o preço daquela ação não condiz com o patrimônio que determinada companhia tem.

É HORA DE APROFUNDAR UM POUCO MAIS

Imagine, por exemplo, um imóvel com boa localização, bom inquilino, um contrato longo e um bom aluguel. Na hora de vendê-lo, ele valerá muito mais do que um imóvel em piores condições.

RESERVA DE VALOR

Quem deseja se tornar um verdadeiro investidor precisa compreender alguns conceitos importantes. Um deles é o de reserva de valor. Trata-se da função que alguns bens e ativos têm de preservar o poder de compra da pessoa com o passar dos anos. Ao acumular tais bens, o investidor garante que seu patrimônio continuará tendo valor independentemente do que ocorra no cenário macroeconômico. Por esse motivo, essa reserva é utilizada para proteger a riqueza durante crises, sejam de ordem política ou econômica, quando as inquietações do mercado podem afetar o valor de ativos e derrubar a rentabilidade de investimentos.

Vamos a um exemplo. O ouro é um dos ativos mais antigos a serem usados como reserva de valor. Isso se deve ao fato de ele não deteriorar. Portanto, em geral, historicamente, quando tudo está dando errado com investimentos, quando há uma queda nas bolsas ou uma crise mundial, por exemplo, o ouro costuma manter o seu valor e o poder de compra do investidor, como ocorre com outros investimentos dos quais vamos falar adiante.[122] Isso protege a carteira da pessoa que possui ouro. Portanto, quando os investidores sentem que há iminência de uma grande crise, eles partem para a reserva de valor para se proteger.

Por isso, observamos as pessoas investindo em ouro, prata ou até em bitcoin, criptomoeda que teve uma excelente valorização em 2020 e nos anos anteriores. O bitcoin, portanto, vem se provando aos poucos como uma reserva de valor, pois, na primeira crise mundial que enfrentou, protegeu a carteira do investidor e fez com que ele não perdesse poder de compra. Mas vale ressaltar que ainda há muita especulação em relação ao futuro do bitcoin e que se trata de algo em pleno desenvolvimento enquanto escrevo estas linhas, em fevereiro de 2021.

É recomendável manter ao menos 5% de seus investimentos em uma carteira que possa protegê-lo caso uma crise ocorra, para que você tenha ali uma reserva de valor com função de proteção; logo, não deve ser avaliada em relação à rentabilidade. Se render bem, melhor. Por exemplo, apesar de algumas crises, observamos uma boa rentabilidade do ouro e do bitcoin[123] nos últimos anos. As características necessárias a um ativo para ser considerado reserva de valor são:

1. **Preservar o capital;**
2. **Escassez;**
3. **Armazenagem;**
4. **O fato de não deteriorar.**

Por se valorizarem, ativos como ouro ou bitcoin preservam o capital. Também preenchem o quesito da escassez, uma vez que há uma oferta limitada deles, algo que não pode ser expandido pelos bancos centrais. Ambos podem ser armazenados em um banco e, no caso do ouro, até mesmo em um cofre na casa do investidor. E, por fim, eles não são corroídos pelo tempo, não enferrujam, não rasgam ao longo dos anos, ou seja, não deterioram.

Assim, quando estiver dividindo os investimentos que fará em sua carteira, é importante que você leve em consideração a reserva de valor, pois ela é uma segurança a mais para se proteger em momentos difíceis.

OURO E DÓLAR

Você já sabe o que é uma reserva de valor, suas características e a importância de tê-la em sua carteira. Agora, vamos nos aprofundar em duas opções de investimento que, por suas particularidades, costumam ser consideradas reservas de valor: o ouro e o dólar. Em momentos de crise, quando tudo parece dar errado, é sempre importante se proteger. Em um cenário como esse, o ouro se mostra uma alternativa valiosa, como vimos no tópico anterior. Em 2020, com a crise decorrente da pandemia da covid-19, mais uma vez isso ficou claro: mesmo quando a Bolsa sofria forte queda, o ouro se valorizava.[124]

Mas como alguém consegue comprar ouro para investir? Uma das opções é por meio da própria bolsa de valores. Mas se trata de uma aplicação

É HORA DE APROFUNDAR UM POUCO MAIS

um pouco mais alta, em que o mínimo a ser desembolsado ultrapassa os 300 reais. E, claro, tem gente que deseja comprar menos que isso. Outra maneira de investir em ouro é por meio de um ETF nos Estados Unidos.

Nessa modalidade, é possível investir em ouro pagando a partir de 1 dólar, ou seja, algo bem mais acessível. Basta abrir uma conta em uma corretora norte-americana, o que também não é nenhum bicho de sete cabeças. Tudo é feito de modo digital e gratuitamente. Você envia os seus documentos e pode investir por meio de um ETF. Por fim, existem ainda fundos de investimento que aplicam em ouro. Neste caso, você deve verificar as taxas de administração cobradas, assim como a rentabilidade para ver se vale a pena. Alguns fundos exigem uma aplicação inicial mínima que pode chegar a 500 reais. Tudo isso tem que ser observado por você de acordo com o seu patrimônio e com o seu objetivo.

Assim como o ouro, o dólar, considerado a moeda mais forte do planeta, é sempre um investimento interessante e pode ser encarado como uma reserva de valor. Tanto que, em muitas crises, a maioria dos ativos sofre queda, como no caso da crise de 2008, mas o dólar continua em alta.[125] Uma maneira de investir em dólar é por meio da compra de ações norte-americanas ou ETFs estrangeiros. Outra forma é por meio dos chamados Real Estate Investment Trust (REITs), que são a versão dos nossos fundos imobiliários (FIIs) nos EUA e que pagam dividendos em dólares aos investidores. Saiba que não faltam opções para aplicações, já que existem mais de 5 mil ativos na Terra do Tio Sam.[126] Portanto, o céu é o limite.

CRIPTOMOEDAS

Dinheiro de papel todo mundo conhece. Pegue uma nota de 10, 50 ou 100 reais e você verá nela o número de série, a marca-d'água e outros dispositivos de segurança. Apesar de ainda não serem tão conhecidas do grande público, as chamadas criptomoedas vêm ganhando cada vez mais espaço no mundo inteiro.

A definição de criptomoeda, no entanto, vai muito além de um simples "dinheiro virtual". Uma criptomoeda pode ser definida como um tipo de dinheiro digital e descentralizado, com base em uma tecnologia chamada

RUMO À RIQUEZA

blockchain.[127] A maioria das pessoas está familiarizada com as versões mais populares, como bitcoin e ethereum, mas existem mais de 5 mil criptomoedas diferentes em circulação de acordo com o site CoinLore (www.coinlore.com), especializado no assunto. Você pode usar as criptomoedas para comprar produtos e serviços regulares, embora muitas pessoas invistam nelas da mesma forma que fariam com outros ativos, como ações ou ouro.[128]

Por exemplo, da mesma maneira que a moeda física possui elementos contra falsificações, uma criptomoeda utiliza criptografia, um sistema de caracteres cifrados quase impossível de ser burlado. Ou seja, são códigos difíceis de quebrar e que garantem que as transações sejam muito mais seguras.

Mas como funciona? Uma criptomoeda é um meio de troca digital, criptografado e descentralizado. Ao contrário do dólar, euro ou real, não existe uma autoridade central que administre e mantenha o valor de uma criptomoeda. Em vez disso, essas tarefas são amplamente distribuídas entre os usuários de uma criptomoeda pela internet. Mas como isso funciona na prática? Imagine um trabalho coletivo, mas totalmente descentralizado, ou seja, feito por inúmeras pessoas que dividem as tarefas. No caso deste trabalho, a distribuição acontece porque as informações estão difundidas em diversos pontos espalhados pelo mundo, algo possível graças à tecnologia envolvida.

Para que uma transação aconteça, é preciso que esses pontos descentralizados autorizem sua execução, por exemplo. Assim, são muitas pessoas envolvidas em uma "cadeia" (*chain*, em inglês) para fazer com que os processos ocorram. Desta maneira, o risco de fraude é muito reduzido, entre outras coisas, pois, a partir do momento em que uma informação é colocada na *chain*, ou cadeia, ela não pode mais ser alterada ou excluída, uma vez que ela passa a fazer parte do processo.[129]

Bitcoin foi a primeira criptomoeda, descrita pela primeira vez por Satoshi Nakamoto em um artigo de 2008. Cada bitcoin é basicamente um arquivo de computador que é armazenado em um aplicativo de "carteira digital" em um *smartphone* ou computador. As pessoas podem enviar bitcoins (ou parte de um) para sua carteira digital, e você pode enviar bitcoins para outras pessoas. Cada transação é registrada em uma lista pública chamada *blockchain*. Isso torna possível rastrear a história dos

É HORA DE APROFUNDAR UM POUCO MAIS

bitcoins para impedir que as pessoas gastem moedas que não possuem, fazendo cópias ou desfazendo transações.[130] Nakamoto teria descrito o projeto como "um sistema de pagamento eletrônico baseado em prova criptográfica em vez de confiança".[131]

Essa prova criptográfica vem na forma de transações que, como falamos, são verificadas e registradas no blockchain. Tá, mas afinal, o que é esse tal de *blockchain*? Pense em um livro de registro aberto e distribuído pela internet que apresenta transações em código. Na prática, é um pouco como um talão de cheques distribuído por inúmeros computadores ao redor do mundo.

As transações são registradas em "blocos" que são ligados em uma "cadeia" de transações de criptomoedas anteriores. O *blockchain* também pode ser definido como um livro no qual você anota tudo o que gasta todos os dias. Cada página é semelhante a um bloco, e todo o livro, um grupo de páginas. Todos que usam uma criptomoeda têm sua própria cópia desse livro para criar um registro de transação unificado. O software registra cada nova transação conforme ela acontece, e cada cópia do *blockchain* é atualizada simultaneamente com as novas informações, mantendo todos os registros idênticos e precisos.[132]

Para evitar fraudes, cada transação é verificada por computadores chamados de "mineradores" usando uma das duas principais técnicas de validação, chamadas de prova de trabalho ou prova de aposta. Após a verificação das transações, a criptomoeda é adicionada a um *blockchain*. Quem verifica é recompensado com criptomoedas.[133]

==Você também pode usar criptomoedas como uma opção alternativa de investimento fora de ações e títulos.== O bitcoin é a mais conhecida e tem se tornado uma reserva de valor, a ponto de ser chamado de "ouro digital", segundo alguns especialistas.[134]

DIVERSIFICAÇÃO

Vamos falar agora de algo importante para todo investidor: a diversificação de carteira. Mas por que isso é importante? Como mencionei lá no início do livro, ao acumular meu primeiro milhão, acabei colocando

RUMO À RIQUEZA

cerca de 80% do que tinha em previdência privada, o que foi um enorme erro. Como ensina a sabedoria popular: não devemos colocar todos os ovos em apenas uma cesta, porque se ela cair, você corre o risco de perder tudo. O bom investidor sabe onde está colocando os ativos. Primeiro, porque ele tem consciência do perfil dele como investidor e dos seus objetivos. Cada meta exige um tipo diferente de investimento. Quem está começando a criar uma reserva de emergência não vai investir em ações, que oscilam. Para isso, é preciso investir em renda fixa, como Tesouro Selic, por exemplo. Diversificar a carteira, portanto, é entender que você deve ter investimentos de acordo com cada um dos seus objetivos.

Costumo dizer que o bom investidor dorme bem, pois protege seus recursos, algo que em que a diversificação ajuda. Ao diversificar sua carteira, você deve se preservar, seja montando uma reserva de emergência ou adquirindo investimentos que funcionam como reserva de valor, a exemplo do ouro ou do dólar. Há aplicações mais indicadas para objetivos de longo prazo, como investimentos de longo prazo que façam sentido com a sua aposentadoria, ou para metas de prazo bem mais curto, como é o caso dos CDBs, LCIs e LCAs.

Existem opções em criptomoedas ou ações no exterior, que são boas pois sabemos que historicamente as bolsas no exterior se recuperam mais rápido do que a brasileira, afinal, o dólar é a moeda mais forte do mundo. Mas isso não significa, claro, que você não deva ter ações de boas empresas brasileiras. Ao diversificar, busque montar uma carteira balanceada e alinhada com seus objetivos e com seu perfil.

E como você começa a diversificar sua carteira? Primeiro, você deve anotar todos os seus objetivos para tê-los muito claros e definidos. O que você quer com o dinheiro, o que vai fazer com ele? Ao traçar isso, você consegue analisar quais investimentos são bons para atingir esses objetivos.

Um exemplo: uma mesma pessoa pode decidir ter uma reserva de emergência de 25% da carteira por achar isso importante; também opta por ter 25% em fundos imobiliários por querer ter uma renda mensal; já outros 25%, a pessoa define que vão ser aplicados em ações brasileiras; outros 20%, ela investe em produtos de renda fixa, bons para objetivos de curto prazo, como dois ou três anos, e, para isso, acha CDBs com boa

É HORA DE APROFUNDAR UM POUCO MAIS

rentabilidade. Essa pessoa decide ainda investir um pouco, 5%, em bitcoin e ouro para se proteger e também quer ter ações americanas.

Os chamados fundos de fundos (FoF) são uma boa sugestão de investimento também, pois trazem diversificação e rebalanceamento, item que veremos a seguir. Nesse caso, a carteira é revisada diariamente por um especialista, que já redistribui as aplicações em caso de necessidade. Ao investir em um FoF, há uma vantagem adicional: você não precisa acompanhar seus investimentos com frequência, uma vez que o gestor do fundo analisa o mercado e faz os ajustes necessários na sua carteira.

==Como os investimentos devem ser adequados aos objetivos e ao perfil do investidor, dá para afirmar que cada carteira é única. Cada pessoa deve ter a estratégia dela.== A minha carteira é diferente da do meu irmão, por exemplo, porque cada um tem objetivos próprios, que são distintos. As pessoas também estão em fases diferentes da vida. Por isso, não se deve copiar a carteira dos outros. Se você quiser ter ações e fundos imobiliários idênticos ao de outra pessoa, terá que ter objetivos iguais aos dela. E isso não faz sentido. Portanto, o passo inicial é saber quais são os seus objetivos. Porque aquele que não sabe para onde está indo acaba indo para qualquer lugar. Com investimentos não é diferente.

REBALANCEAMENTO

==Tão importante quanto diversificar sua carteira é fazer o rebalanceamento dela.== Afinal, uma das tarefas mais difíceis para aqueles que desejam ampliar seus investimentos é conseguir deixar suas aplicações movimentadas e em contínuo desenvolvimento, seguindo as alternativas disponíveis. ==No entanto, para alcançar tudo isso, é preciso planejamento, a fim de diminuir os efeitos negativos dos altos e baixos do mercado e conquistar bons resultados.==

Ao investir, a pessoa costuma montar estratégias próprias para gerir seus ativos. Porém, como presumir as possíveis alterações no mercado é algo impossível, a solução é ter uma carteira diversificada. À medida que o tempo avança e as inevitáveis mudanças ocorrem, é vital que o indivíduo reavalie seus planos, fazendo um rebalanceamento da sua carteira.

RUMO À RIQUEZA

Especialistas afirmam que tal atividade deve ser feita a cada três ou seis meses pelo investidor.[135]

==O rebalanceamento da carteira é essencial para garantir o controle de risco e o equilíbrio das aplicações mais adequadas ao perfil de quem investe.== Ele não exige muito conhecimento técnico ou específico e é algo capaz de mostrar bons resultados, pois visa ajustar o percentual dos investimentos conforme o que foi definido na sua estratégia. Situações inesperadas podem ocorrer, e os planos dos investidores mudam, assim como novas oportunidades e novas metas surgem. O rebalanceamento tem por objetivo retomar o equilíbrio.

Mas como funciona? Imagine uma carteira com 60% dos recursos em renda fixa e 40% na renda variável. Se o investidor continuar com a estratégia estabelecida previamente, a cada mil reais aplicados, 600 reais vão para a renda fixa e 400 reais para a variável. Com o tempo, porém, tal divisão se tornará desigual, uma vez que o lucro é diferente nas duas modalidades de renda. Nesse instante, é necessário que seja feito um rebalanceamento para retornar à composição que foi planejada originalmente.

==Além da rentabilidade, o rebalanceamento permite que o investidor se adeque ao mercado e sua realidade.== Uma das principais razões é a lucratividade, uma vez que substituir e alterar investimentos em uma carteira afeta o lucro ao possibilitar a compra de ativos na baixa e a venda em alta. Existe ainda a redução de riscos, já que com o rebalanceamento o investidor consegue trocar alternativas de ativos de risco por outras que ofereçam renda mais vantajosa e, possivelmente, menos risco.

INVESTIR NO EXTERIOR

Por que devemos comparar investimentos no exterior com os feitos no Brasil? Para começar, qualquer investidor quer ser sócio de empresas como Facebook, Google ou Microsoft, algumas das maiores do mundo, cada uma delas com caixa e lucro absurdos. Além disso, há milhares de ativos para se investir lá fora e que pagam dividendos em dólar. Importante destacar: ao abrir uma conta em uma corretora, você coloca os valores em reais e, em geral, a corretora faz o câmbio, trocando os reais por dólar.

É HORA DE APROFUNDAR UM POUCO MAIS

Para compreender as diferenças, basta observar a diferença de valorização de ações do Ibovespa quando comparadas com as da Nasdaq, que é a bolsa de tecnologia dos Estados Unidos. A valorização brasileira costuma ser inferior.

Também vemos isso quando verificamos a valorização da nossa moeda perante outras. Em 2020, o real foi a moeda que mais desvalorizou entre trinta pesquisadas, ficando atrás, dentre outros, da lira turca, do rublo russo e do peso mexicano.[136] Em contrapartida, o dólar é a moeda mais valorizada do mundo. Portanto, se a Bolsa norte-americana cai, o dólar ameniza um pouco tal queda. Enquanto, por aqui, se a Bolsa cai, não temos nada para amortecer, já que temos a desvalorização da moeda para tornar tudo mais desafiador. Por isso, vale sempre a dica de olhar para o exterior e procurar dolarizar nossos investimentos. Pelas regras, qualquer ativo vendido por até 35 mil reais é isento de pagamento de IR, porém, é preciso declarar a transação para a Receita. Aliás, dica de ouro: nunca tente enganar o Leão.

O QUE VOCÊ FAZ COM 50 REAIS?

Agora que você teve contato com esse verdadeiro universo de informações, vamos falar de dinheiro. Ou melhor, de como aplicá-lo de modo mais eficiente. É muito comum que as pessoas me perguntem sobre como investir quantias das mais variadas. Seja 50, 100 ou mil reais, o que você precisa saber na hora de aplicar o seu dinheiro?

Vamos lá, meu amor. O que provavelmente muita gente não sabe é que nos dias atuais é perfeitamente possível investir 50 reais na bolsa de valores, por exemplo. Sim, exatamente isso que você leu. Se você economizar uma pizza semanal ou aquela cervejinha com os amigos no fim de semana, já dá para se tornar um investidor da Bolsa. Olha que coisa mais impressionante.

Para começar a aplicar, você precisa saber que existem empresas com ações que custam cerca de 10 reais. E estou falando de papéis de algumas das maiores companhias do país, viu? Algo sólido e que pode gerar bons rendimentos. E sim, por aproximadamente 10 reais. Para quem tem conhecimento, a bolsa de valores pode ser como uma dessas lojas populares que vendem produtos por 9,99 reais. A diferença é que, com

RUMO À RIQUEZA

os movimentos certos, seu dinheiro poderá se multiplicar em vez de se transformar em um cacareco que só vai acumular poeira na estante da sua casa. A escolha sempre é nossa, lembre-se disso. Além das ações, existem também os fundos imobiliários, modalidade em que, com menos de 10 reais, você já consegue investir.

Mas, para que você entenda melhor o que estou dizendo, preciso explicar o que são ações fracionadas. Já ouviu falar delas? Ações fracionárias são negociadas em quantidade inferior ao lote total disponível na bolsa de valores que, em geral, é de 100 ações. Nessa modalidade de compra, o investidor pode adquirir ou vender sem uma quantia mínima, isto é, negociar uma ação ou 99 unidades.[137]

Já no mercado à vista só é possível a negociação de lotes padrão, e, portanto, as ações fracionadas são uma alternativa acessível para investir com pouco dinheiro e acumular investimentos nas maiores empresas do país. É uma alternativa muito atrativa para o investidor que não está com um capital tão alto de investimentos. Entretanto, vale ressaltar que existem particularidades nesse mercado.

Um ponto de atenção são as taxas cobradas pelas corretoras, que tendem a ficar mais pesadas quando o investidor compra quantidades menores de ações. Para investir em instituições financeiras, em geral taxas fixas de corretagem são cobradas por operação. Se temos, então, um investimento de 200 reais em ações e uma corretora que cobra 20 reais para realizar essa transação, temos o gasto de 10% do valor investimento apenas para pagamento das taxas e, portanto, não é vantajoso. Assim, deixo a dica aqui para que você busque corretoras com taxas diferenciadas para compra de lotes menores ou que utilizem a tabela da B3 – que possui taxas fixas ou variáveis de acordo com o valor da transação.

Entre as oportunidades das ações fracionárias, eu destaco o fato de que isso permite comprar ações com menos dinheiro, facilita a diversificação da carteira e pode ser considerado ideal para estratégias de longo prazo. Assim, caso esteja interessado em adquirir as frações de ações, basta acrescentar a letra "F" ao lado do nome da ação na busca do *home broker*. Exemplo: temos uma empresa X na qual a sigla de suas ações é XYZ3. Nesse caso, ao fazer a busca, você deve digitar XYZ3F para adquirir menores quantidades.

É HORA DE APROFUNDAR UM POUCO MAIS
MEUS PRIMEIROS 50 REAIS PARA INVESTIR

Sempre digo que com 50 reais é possível fazer uma verdadeira festa! Portanto, lembre-se: além dos investimentos da Bolsa, é possível também investir esse dinheiro em você, em melhorias e estudos. Por isso, seja na Bolsa ou em conhecimento, há muitas maneiras de investir com quantias a partir de apenas 50 reais. Três ou quatro ações de uma grande empresa, com cada ação custando algo como 12 ou 16 reais, ou um bom livro, como este aqui? A escolha é sua. O que as pessoas em nosso país precisam entender é que não é necessário ser milionário para investir. Você deve começar como der e, de preferência, o mais rápido possível.

Isso para que, no futuro, você não diga algo triste como o que ouvi certo dia de um piloto de aviação com muitos anos de carreira em companhias aéreas internacionais. Em meio a uma conversa, ele me contou não ter investido absolutamente nada do dinheiro dele. E, na ocasião, aos 65 anos, dizia não ter nenhuma noção de como aplicar. "Nunca quis aprender e hoje percebo que poderia ter investido muito melhor meu dinheiro", ele disse, sem esconder a tristeza e o desapontamento consigo mesmo.

E não estou falando apenas das classes menos favorecidas da nossa sociedade. Há muitas pessoas da classe média ou até da chamada classe alta que não sabem investir. Para todo mundo, o que sempre digo é: temos que acordar para a vida. E você já está no caminho correto por ter chegado até aqui!

MIL OU 10 MIL REAIS

Agora que você já está afiado e sabe como investir os primeiros 50 reais, podemos "passar de fase". Um questionamento que muita gente me faz: "Carol, se você estivesse começando a investir, o que você faria com os seus primeiros mil reais?". Com o conhecimento que acumulei, posso dizer que existem muitas possibilidades. Eu investiria em um curso, pois acho ótimo estudar, ou, como todo bom investidor que sabe que é essencial iniciar uma reserva de emergência, eu consideraria isso como um ponto crucial. Mas quais investimentos levar em conta quando

RUMO À RIQUEZA

pensamos em reserva de emergência? Em primeiro lugar, neste caso, estamos falando de renda fixa, independentemente da taxa de juros. De acordo com os especialistas, os investimentos mais indicados são o Tesouro Selic ou CDB de liquidez diária, dependendo da rentabilidade, ou seja, que renda ao menos 100% do CDI.

Portanto, o primeiro passo é começar uma reserva de emergência, mas, em paralelo, começar a investir também. Não adianta querer entrar com esses mil reais direto na bolsa de valores, mas, vamos ser sinceros, se a pessoa esperar montar uma reserva de emergência "perfeita" para somente depois disso aplicar, nunca vai investir. Por isso, recomendo foco e disciplina para que sejam feitos dois movimentos simultâneos: a criação de uma reserva de emergência e um investimento, nem que seja mínimo. Sobre Bolsa, é preciso entender que você pode, em algum momento, perder tudo. Há riscos, e é necessário compreendê-los, como falamos anteriormente.

Por que não colocar esse valor no Tesouro Selic, por exemplo? Seria muito mais adequado, porque você está se defendendo, se protegendo, evitando grandes riscos.

Também já me perguntaram: "Mas, Carol, eu consegui guardar 10 mil reais, o que você faria no meu lugar com este valor?". Neste caso, recomendo uma gestão de carteira. Vale colocar os 10 mil reais em renda fixa? Não. Seguindo nesse exemplo, eu colocaria nela uns 5 mil reais, ao menos para ficar mais garantido. Já o restante do dinheiro, eu poderia dividir entre dois fundos de renda variável, por exemplo, que são aplicações mais resilientes, talvez 2 mil reais em cada. Por fim, poderia colocar um pouco em ações, apenas para conhecer o funcionamento dessa modalidade, ou em um CDB pós-fixado, que tem alta liquidez.

Finalizamos mais um passo em nossa jornada rumo ao conhecimento sobre o mundo dos investimentos. Um dos mais importantes, na minha opinião. Quando decidi escrever este livro, minha intenção era ajudar cada vez mais pessoas a alcançar os seus sonhos. Para isso, no entanto, quero que você mude sua relação com o dinheiro. Já vimos muitas informações, mas, acredite, ainda vamos avançar bastante. Fique comigo para que sigamos em nosso voo rumo à riqueza. Vamos voar juntos! Espero você no próximo capítulo para a penúltima etapa de nossa jornada. Até lá!

"PARA TODO MUNDO, O QUE SEMPRE DIGO É: TEMOS QUE ACORDAR PARA A VIDA. E VOCÊ JÁ ESTÁ NO CAMINHO CORRETO POR TER CHEGADO ATÉ AQUI!"

@caroldias

RIQUEZA ESTÁ A SUA ESPERA, DO OUTRO LADO DO RISCO

Já estamos de volta, meu amor. Faltam poucos passos em nossa caminhada para que você possa conquistar os seus sonhos, sua independência financeira e tudo aquilo que você deseja. Para isso, no entanto, é preciso muito mais do que apenas querer. Lembre-se: riqueza é uma construção diária. Ou, até mais do que isso, pois passa por uma mudança de mentalidade que impacta nossos hábitos. Como já afirmei, você deve estar atento aos seus pensamentos, sentimentos, comportamentos e ações. Pode parecer muito difícil à primeira vista, mas garanto que está ao alcance de qualquer um que se empenhe de verdade nisso. No entanto, uma coisa é certa: tudo passa pelo conhecimento.

A prosperidade financeira está a sua espera, do outro lado do risco que investimentos em renda variável podem oferecer. Sobre riscos, diria para você: viver é correr riscos, não é mesmo? Mas acredite, já é possível ver seus resultados a partir de hoje. E, à medida que você for avançando, observe seus investimentos e veja como você vai chegar longe! É isso mesmo! O caminho está apenas começando. Mas posso apostar que você já é capaz de sentir as transformações que ocorreram contigo ao longo da leitura deste livro. Tenho absoluta certeza de que esse é apenas o início e de que muitas outras mudanças positivas estão a caminho.

RUMO À RIQUEZA

O ponto de partida para isso, no entanto, passa por se conhecer bem a cada dia e tomar ciência das alternativas que existem para você. Por exemplo, falamos da importância de você saber qual é o seu perfil como investidor, mas, para chegar a investir, primeiro você deve saber quais são os tipos de investimentos existentes. O que o mercado tem a te oferecer? Neste aspecto, voltamos a um tema que já tratei em capítulos anteriores: é preciso estudar. Hoje, amanhã e sempre! Reforço sempre este meu recado, porque, infelizmente, ainda é algo que falta a muitas pessoas.

==Penso que não adianta dar o peixe pescado para alguém.== Em muitos casos, isso pode ser extremamente prejudicial, pois tira do indivíduo a oportunidade de crescimento, de andar com as próprias pernas. Por conta de tudo isso, ==sempre é melhor entregar uma vara e ensinar o sujeito a pescar. A pessoa é quem tem que decidir por si. É o que estou fazendo aqui e aquilo que realizo diariamente pelas minhas redes sociais==.

Afinal, estamos falando de algo muito delicado, que é o dinheiro e o que garante conforto e segurança para todos nós. Assim, o conhecimento é o ativo que posso oferecer aqui, nestas páginas, para que você aprenda e saiba exatamente o que deve fazer a partir de agora. Então, o compromisso que deve fazer consigo mesmo quando fechar este livro é estudar diariamente, procurar conteúdo, saber quais são os melhores caminhos para você e seguir em frente, sempre desenvolvendo estratégias melhores e nunca desistindo. A verdade é que essa tarefa é pessoal e intransferível!

Todo profissional precisa de determinação. Existem diversos casos de indivíduos que certamente não são os mais talentosos em suas áreas, mas que compensam tudo isso com muito foco e constância no que fazem. Ao longo da história humana, existem inúmeros exemplos: nem sempre é o mais inteligente que vence. Mas, muitas vezes, o mais persistente e dedicado é quem sai vitorioso.

==Portanto, cada pessoa precisa aprender como fazer a sua gestão de carteira, e não ir na onda dos outros.== Uma coisa muito importante que deve ser entendida é que investimento é algo individual. Sempre me deparo com gente que pergunta: "Qual é o melhor investimento para eu ganhar dinheiro?". Nessas ocasiões, minha resposta é: "Não sei, pois não sei qual é o seu objetivo". Parece óbvio, mas escapa a muitas pessoas.

RIQUEZA ESTÁ A SUA ESPERA, DO OUTRO LADO DO RISCO

É isso mesmo. Não há um "melhor investimento" para alguém, o que existe são as aplicações mais adequadas para cada indivíduo e seus objetivos. A partir disso, temos que estudar para saber o que estamos fazendo com nossos recursos. Caso contrário, você vai pela "conversa" dos outros e, muitas vezes, acaba colocando seu dinheiro em um investimento que realmente não vale a pena.

VOOS MAIS ALTOS

Agora que você já conhece as principais características, com vantagens e desvantagens, de muitos dos investimentos disponíveis no mercado, tem plenas condições de planejar voos mais altos. Por isso, posso dizer: pense grande! Muitas pessoas me perguntam: "Carol, como posso conquistar o meu primeiro milhão?". Se você está lendo este livro, significa que quer se aprimorar e já está no caminho da riqueza. Se eu consegui, você também tem condições de alcançar sua independência financeira. Para isso, no entanto, como em tudo nessa vida, você precisa de estratégia.

É necessário se organizar, se preparar para poupar mês a mês e investir seu dinheiro. Uma dica importante é observar aquilo que chamo de "os três pilares da riqueza": bons ativos, tempo e juros compostos. Mas o que será que isso significa?

Para começar, é importante saber onde você está investindo seus recursos e escolher bons ativos, pois são eles que vão trazer uma rentabilidade positiva a longo prazo. O tempo é outro fator fundamental para acumular patrimônio. Quanto mais cedo você investe, melhor, pois o tempo está a seu favor. E os juros compostos? São eles que farão com que você tenha mais lucratividade.

Para você compreender o poder dos juros compostos na prática, vamos fazer algumas simulações. Imagine, por exemplo, que, pensando em sua aposentadoria, alguém invista 100 reais em uma aplicação de 10% de rendimento ao ano (0,83% ao mês), uma taxa que pode ser considerada conservadora. Se essa pessoa passar a fazer depósitos de 100 reais todo mês, sem falhar, após dez anos, terá investido 12.000 reais. A força dos juros compostos fica clara ao verificarmos que o total acumulado neste

RUMO À RIQUEZA

exemplo é de pouco mais de 20 mil reais, sendo que, deste montante, aproximadamente 8 mil reais vieram dos juros do período.

Ou seja, se todos os meses você abdicar de algo que custe 100 reais, em dez anos terá uma quantia considerável. Agora, pense em tudo aquilo que é supérfluo em sua vida, algo que você pode cortar sem que faça falta. Provavelmente, você gasta ao menos 100 reais com alguma coisa que pode ser eliminada, e este dinheiro, investido no seu próprio futuro.

Agora, imagine que, em vez de 100 reais, uma pessoa aplique 500 reais inicialmente e passe a fazer depósitos mensais de 500 reais em uma aplicação que renda como no exemplo anterior, 0,83% ao mês. Vamos usar o mesmo período de dez anos (120 meses). O total investido no período será de 60 mil reais, sendo que o montante total chegará a pouco mais de 100 mil reais, dos quais aproximadamente 42 mil reais será fruto dos juros compostos.

Seguindo em nossas simulações da riqueza, alguém que invista mil reais na aplicação que citamos nos exemplos acima, com taxa de 0,83% ao mês, e passe a fazer aportes mensais nesse mesmo valor ao longo dos dez anos, terá investido 120 mil reais. Ao fim do período, terá acumulado um montante de cerca de 204 mil reais, sendo que aproximadamente 84 mil reais são de juros compostos.

Por fim, uma pessoa que invista 2 mil reais e siga aplicando este valor mensalmente com juros de 0,83% ao mês ao longo do mesmo período (120 meses) terá investido 240 mil reais. O montante, ao fim dos dez anos, será de quase 410 mil reais, dos quais cerca de 168 mil reais vieram diretamente dos juros compostos. Para quem investe corretamente, portanto, o tempo está a favor, uma vez que os juros compostos de bons ativos são capazes de turbinar seus recursos. Este é o passaporte para a riqueza.

Falamos de um investimento com rentabilidade de cerca de 10% ao ano, mas existem opções até mais arrojadas em ações, por exemplo. Há empresas cujas ações têm registrado, nos últimos vinte anos, uma rentabilidade média anual superior a 16%, 23% e até 31%. Portanto, quando você investe em boas empresas a longo prazo e acumula patrimônio, meu amor, as coisas ficam mais simples. Eu acredito em você, comece a fazer o seu dever de casa já. Invista para ter um futuro melhor.

RIQUEZA ESTÁ A SUA ESPERA, DO OUTRO LADO DO RISCO

Espero que você tenha ficado ainda mais motivado com todos os exemplos que apresentei aqui. Lembre-se: a riqueza está ao seu alcance; para chegar até ela, basta você passar a investir com disciplina e estratégia. Qualquer valor importa! O que vale é ter a consciência dos seus objetivos, de onde está e aonde quer chegar. Depende de você, portanto, acredite no seu potencial.

Mas, agora, deixe eu confessar que estou até emocionada, meu amor. Estamos a uma página do nosso último capítulo. A riqueza nunca esteve tão próxima, e nosso voo juntos se aproxima do trecho final. Você está preparado? Já estou até com um friozinho na barriga, pois, para mim, se trata de um dos passos mais importantes da minha vida. É um enorme prazer compartilhar tudo isso com você. Então, vamos que vamos!

SUA HORA
DE DECOLAR

Faaaala

, meu amor. Está preparado para chorar comigo? Sim, tenho um lado bastante emotivo e confesso que não sou muito fã de despedidas. Além disso, como já afirmei, com este livro, estou concretizando um dos maiores sonhos da minha vida. Trata-se de algo muito especial para mim. Para você ter ideia, durante o ano de 2019, eu mentalizei muito que iria escrever meu primeiro livro. Para ajudar e "abraçar" as pessoas. Para minha surpresa, naquele mesmo ano, fui convidada pela Editora Gente para realizar esse sonho. O resultado está em suas mãos agora. Portanto, isso representa a força do pensamento, do poder da nossa mente quando queremos realmente algo.

Este livro é mais um passo importante na minha vida e na minha carreira. E como você tem acompanhado desde a introdução, já vivi muita coisa, seja no campo pessoal ou no profissional. Porém, antes de virar as primeiras páginas deste livro e conhecer a minha história, talvez você pensasse que eu era apenas uma modelo, um rostinho com passagem por programas de TV.

Digo isso, porque já tive que enfrentar muito preconceito na vida. Por ser modelo, por ser mulher. Não falta gente, infelizmente, que faz questão de não valorizar o próximo, não reconhecer os esforços e a

RUMO À RIQUEZA

capacidade dos demais. Perdi as contas de quantas vezes precisei "provar" aos outros que tinha condições de crescer profissionalmente e mostrar ao mundo o meu real valor. Ergui a cabeça, mantive o foco e persisti, pois sabia o que queria e aonde queria chegar. Todos os dias, ao acordar, exercito isso. Creio que, independentemente da profissão, isso é o principal. Por isso, acredite em você em primeiro lugar. Muita gente desiste por não acreditar em si mesma.

Mas digo para você, meu amor, que se eu me deixasse levar pelo que os outros dizem ou pensam sobre mim, certamente não teria chegado aonde cheguei. Não estaria com minha riqueza acumulada, patrimônio que é fruto de muito trabalho e estudo sobre investimentos. Enfim, não teria me tornado uma milionária. Em vez de decolar, talvez ainda estivesse presa ao solo. Mas não sou assim, posso garantir. Nasci para voar e tenho fé de que você também pode alçar voos. Você já refletiu sobre o que o impede de "tirar os pés do chão"? Diante dos obstáculos, muita gente desiste em vez de persistir.

Afinal, se eu fiz tudo isso, por que você não pode conseguir? Lembre-se de que nossa mente é a ferramenta mais poderosa que existe, para o bem ou para o mal. Diante disso, vigie seus pensamentos. Lembro a primeira vez em que comentei com meu irmão André que gostaria de compartilhar com o máximo de pessoas as lições e vivências que tive em relação ao dinheiro ao longo da minha trajetória.

Eu ainda iniciava a minha transição de carreira, com o objetivo de me tornar uma educadora financeira. De lá para cá, foram dias e noites de muito estudo, muita pesquisa e dedicação. Passado algum tempo, deu certo, e você está com este livro em mãos. Trata-se da prova de que aquilo que almejamos está ao nosso alcance se nos dedicarmos e colocarmos nossa energia para materializar o que é apenas um sonho. Por isso, acredito que você, por estar buscando conhecimento por meio dos meus ensinamentos, estudará, se dedicará e, consequentemente, terá potencial de conquistar tudo aquilo que desejar como resultado de seu esforço.

Como mencionei no início do livro, os altos e baixos que minha família enfrentou com as finanças, quando os negócios dos meus pais passaram por momentos bem difíceis, deixaram marcas na minha adolescência e na

SUA HORA DE DECOLAR

dos meus irmãos. Aquela montanha-russa me fez ser o que sou, sobretudo no que se refere à relação com o dinheiro. Passei a querer ter uma segurança financeira que faltou naquela época.

De cara, reagi com persistência, disciplina e garra. Sempre trabalhei duro, como nas ocasiões em que passava mais de doze horas seguidas em pé, distribuindo panfletos a visitantes em estandes de feiras. Tanto esforço era remunerado com apenas 150 reais por dia, por isso valorizo até hoje cada centavo. Sei quanto é difícil ganhá-lo. Se você olhar para sua trajetória, meu amor, tenho certeza de que também encontrará momentos assim, que formaram seu jeito de pensar e agir, que moldaram quem você é.

VALORIZE VOCÊ MESMO

Por tudo isso, é importante conhecermos a nossa história e dar valor a ela. No meu caso, também tenho pleno conhecimento de tudo aquilo que precisei abrir mão para conquistar os meus sonhos, a minha independência financeira, o meu primeiro milhão. Foram verdadeiros dias de luta. Não esqueço de cada momento, como dos infindáveis deslocamentos pelo transporte público na gigante São Paulo, algo que fazia para dar conta dos três empregos simultâneos que cheguei a ter em determinado período.

Trabalhei duro e trabalhei muito, mas sem nunca deixar de estudar. Por isso, quando olho para trás, sinto um imenso orgulho de mim mesma. Em vez de me abater, lamentar, culpar os outros pela minha situação financeira e da minha família, fiz exatamente o oposto disso. Decidi que iria batalhar ainda mais, ampliar meus ganhos, buscar técnicas para conquistar a riqueza. Confie em você, rastreie as oportunidades e siga com foco. Acredite, a disciplina com as finanças também é capaz de o levar à independência financeira.

O resultado dos meus passos é que consegui acumular mais de 3 milhões de reais a partir do zero, desde quando comecei a trabalhar na TV. Será que foi fácil? Veja, se fosse algo simples, todos que trabalham na televisão seriam milionários, concorda? Embora existam muitas pessoas ricas no meio televisivo, garanto a você que essa não é a realidade da

RUMO À RIQUEZA

enorme maioria. Por isso, sempre menciono a palavra estratégia. Você também precisa desenvolver a sua. Agora, com este livro, você tem novas ferramentas para isso. Novos horizontes se abrem para você.

Com a minha querida avó, aprendi a dar valor ao que tenho. E você deve fazer o mesmo! Certa vez, comprei uma televisão de plasma para ela, que amou o presente. Até hoje, sempre que ela viaja, faz questão de guardar o aparelho enrolado em uma toalha para preservar o equipamento. Em outra ocasião, saímos para comprar um par de calçados, e ela gostou de três modelos. Por querer agradá-la, ofereci que levasse todos, mas ela recusou: "Não precisa, Carol, vou levar apenas um par, pois tenho dois pés. Quando esses calçados gastarem, eu penso em comprar outro". Parece algo banal, mas são lições que me marcaram muito.

Assim, o que espero que inspire você neste momento é saber dar valor a você, ao que você faz e ao seu esforço. Todos temos trajetórias difíceis e passamos por situações complicadas, entretanto, é a sua reação hoje que definirá o amanhã. E isso vale para tudo na vida! Então, meu amor, valorize-se e saiba que os seus passos estão sendo guiados. Você pode mudar de vida!

ESTUDE, ESTUDE E ESTUDE

Em meu caminho rumo à riqueza, fiz uma preciosa descoberta, algo que nunca mais saiu do meu radar: para crescer e seguir evoluindo, devemos estudar sempre. Ao longo deste livro, em cada página, quis deixar claro que nunca podemos parar de buscar conhecimento. É preciso ler, se informar, pesquisar, buscar dados confiáveis. Vivemos em uma época em que o acesso à informação está ao alcance de todos. Não há desculpas.

Por isso, acredito que qualquer um tem capacidade de alterar sua história com o dinheiro, a qualquer momento, se tiver vontade genuína e buscar conhecimento de qualidade. Acredite, meu amor, é possível. Contrariando a opinião de muitas pessoas, além de milionária, me tornei educadora financeira. Não apenas conquistei a minha voz, como virei referência. Quando queremos algo verdadeiramente e trabalhamos com afinco, temos condições de alcançar nossos desejos.

SUA HORA DE DECOLAR

E você, o que quer ser? Quais são os seus sonhos? Como pretende alcançá-los? Quais são as suas estratégias? Espero que este livro, feito com tanto carinho e dedicação, o aproxime daquilo que você mais quer. Que as técnicas que viu aqui alavanquem suas finanças. Tenho certeza de que serão muito úteis, pois funcionaram e funcionam comigo no dia a dia até hoje. O ciclo formado por estudar, buscar informações de qualidade e aplicá-las pode ser considerado a chave para as vitórias pessoais e profissionais.

O melhor caminho para um futuro próspero, aliás, é o conhecimento certo de como investir, de como manter uma relação racional com seus ganhos e gastos. Começando hoje, persistindo amanhã e tornando esse passo a passo o seu mais precioso hábito, garanto que você conseguirá ter uma vida financeira saudável e alinhada com os seus objetivos. Acredite: você está no rumo à riqueza! Um beijo de luz, meu amor, fique com Deus. Até nosso próximo livro. Voa, Brasil!

|215

NOTAS

1. Uma explicação necessária aqui: no momento em que finalizo este meu primeiro livro, em fevereiro de 2021, tenho mais de 2,5 milhões de reais investidos em aplicações diversas, além de cerca de 900 mil reais na minha previdência privada, valores que, somados, resultam nos mais de 3 milhões de reais de patrimônio que acumulei.
2. BANCO CENTRAL DO BRASIL. **Taxas de juros básicas**: Histórico. Disponível em: https://www.bcb.gov.br/controleinflacao/historicotaxasjuros. Acesso em: 14 jul. 2020.
3. [B3] – Brasil, Bolsa, Balcão. **Histórico pessoas físicas**. Disponível em: http://www.b3.com.br/pt_br/market-data-e-indices/servicos-de-dados/market-data/consultas/mercado-a-vista/historico-pessoas-fisicas/. Acesso em: 7 fev. 2021.
4. IBGE. **Projeção da população do Brasil e das Unidades da Federação**. Disponível em: https://www.ibge.gov.br/apps/populacao/projecao/index.html?utm_source=portal&utm_medium=popclock&utm_campaign=novo_popclock. Acesso em: 7 fev. 2021.
5. STATISTA. **Share of adults investing money in the stock market in the United States from 1999 to 2020**. Disponível em: https://www.statista.com/statistics/270034/percentage-of-us-adults-to-have-money-invested-in-the-stock-market/. Acesso em: 13 jul. 2020.
6. CANDUS, E.; PFISTER, C.; SÉDILLOT, F. Where do French people invest their savings? **Quarterly selection of articles – Bulletin de la Banque de France, Banque de France**, n. 48, p. 5-22, 2017. Disponível em: https://ideas.repec.org/a/bfr/quarte/20174801.html. Acesso em: 25 fev. 2021.
7. NUMBERS of shareholders down by 500.000, negative wealth effect for private households (shareholding statistics of Deutsches Aktieninstitut, 2014) (in german). **Deutsches Aktieninstitut**, 12 fev. 2015. Disponível em: https://www.dai.de/en/what-we-offer/studies-and-statistics/statistics.html?d=308. Acesso em: 25 fev. 2021.
8. MÁXIMO, W. **Bolsa cai 30%, e dólar sobe 16% em março com pandemia de coronavírus**. Agência Brasil, 31 mar. 2020. Disponível em: https://agenciabrasil.ebc.com.br/economia/noticia/2020-03/bolsa-cai-30-e-dolar-sobe-16-em-marco-com-pandemia-de-coronavirus. Acesso em: 15 fev. 2021.
9. COLTRI, F. Brasileiro não sabe investir nem se organizar financeiramente. **Jornal da USP**, 29 maio 2019. Disponível em: https://jornal.usp.br/atualidades/brasileiro-nao-sabe-investir-nem-se-organizar-financeiramente/. Acesso em: 15 fev. 2021.
10. SPERANDIO, L. Por que o Brasil é um país de analfabetos financeiros – e como isso atrapalha a nossa vida. **Gazeta do Povo**, 8 fev. 2020. Disponível em: https://www.gazetadopovo.com.br/economia/brasil-pais-dos-analfabetos-financeiros/. Acesso em: 15 fev. 2021.
11. TAXAS de juros básicas – Histórico. **Banco Central do Brasil** [s.d.]. Disponível em https://www.bcb.gov.br/controleinflacao/historicotaxasjuros. Acesso em: 15 fev. 2021
12. A FALTA de conscientização financeira contribui para endividamentos e problemas econômicos. **Terra**, 20 jan. 2021. Disponível em: https://www.terra.com.br/noticias/dino/a-falta-de-conscientizacao-financeira-contribui-para-endividamentos-e-problemas-economicos,fd85136bc2dd93e9c0aa3d05870f28747nfwh0xf.html. Acesso em: 15 fev. 2021.
13. ESTRATÉGIA Nacional de Educação Financeira (Enef). **Quem Somos**. Disponível em: https://www.vidaedinheiro.gov.br/quemsomos/. Acesso em: 15 ago. 2020.
14. ESTRATÉGIA Nacional de Educação Financeira (Enef). **Mapa da Educação Financeira no Brasil**. Disponível em: https://www.vidaedinheiro.gov.br/mapas/?mapa=escolas-projeto-itinerante. Acesso em: 15 ago. 2020.
15. INEP. **Censo Escolar 2018**. Disponível em: http://download.inep.gov.br/educacao_basica/censo_escolar/notas_estatisticas/2018/notas_estatisticas_censo_escolar_2018.pdf. Acesso em: 15 ago. 2020.
16. MORENO, A.C.; OLIVEIRA, E. Brasil cai em ranking mundial de educação em matemática e ciências; e fica estagnado em leitura. **G1**, 3 dez. 2019 Disponível em: https://g1.globo.com/educacao/noticia/2019/12/03/brasil-cai-em-ranking-mundial-de-educacao-em-matematica-e-ciencias-e-fica-estagnado-em-leitura.ghtml. Acesso em: 15 ago. 2020.

NOTAS

17 TOKARNIA, M. **Educação financeira chega ao ensino infantil e fundamental em 2020**. **Agência Brasil**, 28 dez. 2019. Disponível em: https://agenciabrasil.ebc.com.br/educacao/noticia/2019-12/educacao-financeira-chega-ao-ensino-infantil-e-fundamental-em-2020. Acesso em: 15 ago. 2020.

18 DAMASCENO, I. Pai cria planilha para descontar da mesada desobediência dos filhos. **G1**, 10 out. 2013. Disponível em: http://g1.globo.com/ro/rondonia/noticia/2013/10/pai-cria-planilha-para-descontar-da-mesada-desobediencia-dos-filhos.html. Acesso em: 15 ago. 2020.

19 BERTÃO, N. Por que você não investe? Veja o que os brasileiros responderam. **Valor Investe**, 23 maio 2019. Disponível em: https://valorinveste.globo.com/educacao-financeira/noticia/2019/05/23/por-que-voce-nao-investe-veja-o-que-os-brasileiros-responderam.ghtml. Acesso em: 7 fev. 2021.

20 BESSA, H. O desafio da educação financeira no Brasil. **Valor Investe**, 27 ago. 2019. Disponível em: https://valorinveste.globo.com/blogs/hudson-bessa/coluna/o-desafio-da-educacao-financeira-no-brasil.ghtml. Acesso em: 18 ago. 2020.

21 OCDE. **Recomendação sobre os Princípios e as Boas Práticas de Educação e Conscientização Financeira**. Paris, 2005. Disponível em: https://www.oecd.org/daf/fin/financial-education/[PT]%20Recomendação%20Princípios%20de%20Educação%20Financeira%202005%20.pdf. Acesso em: 18 ago. 2020.

22 C. Ronaldo se apresenta 4h antes para treinar mais na Juventus, diz jornal. **UOL Esportes**, 3 jun. 2020. Disponível em: https://www.uol.com.br/esporte/futebol/ultimas-noticias/2020/06/03/jornal-cr7-se-apresenta-quatro-horas-antes-para-treinar-mais-na-juventus.htm. Acesso em: 8 fev. 2021.

23 EKER, T. H. **Os segredos da mente milionária**. Rio de Janeiro: Sextante, 1992.

24 CNC. **Pesquisa de Endividamento e Inadimplência do Consumidor (Peic) – janeiro de 2021**. Disponível em: http://cnc.org.br/sites/default/files/2021-02/An%C3%A1lise%20Peic%20-%20janeiro%20de%202021.pdf. Acesso em: 25 fev. 2021..

25 *Ibidem*.

26 O PRIMO RICO (Brasil). **Investimento nunca vai ser só pra quem é rico**. 23 jan. 2020. Facebook: oprimorico. Disponível em: https://www.facebook.com/oprimorico/posts/1884347138365179/. Acesso em: 15 fev. 2021.

27 DWECK, C.S. **Mindset**: A nova psicologia do sucesso. São Paulo: Objetiva, 2017.

28 HISTÓRIA da Ford. **Ford** [s.d.]. Disponível em: https://www.ford.com.br/sobre-a-ford/historia/#. Acesso em: 3 nov. 2020.

29 HOWES, L. 20 Lessons from Walt Disney on Entrepreneurship, Innovation and Chasing Your Dreams. **Forbes**, 17 jul. 2012. Disponível em: https://www.forbes.com/sites/lewishowes/2012/07/17/20-business-quotes-and-lessons-from-walt-disney/?sh=6e46536d4ba9. Acesso em: 3 nov. 2020.

30 CROWTHER, B. Walt Disney. **Encyclopaedia Britannica**. Disponível em: https://www.britannica.com/biography/Walt-Disney. Acesso em: 3 nov. 2020.

31 WALT Disney. **IMDB**. Disponível em: https://www.imdb.com/name/nm0000370/. Acesso em: 3 nov. 2020.

32 WHITWORTH, W. Kentucky-Fried. **The New Yorker**, 14 fev. 1970. Disponível em: https://web.archive.org/web/20150415084254/http://www.newyorker.com/magazine/1970/02/14/kentucky-fried. Acesso em: 4 nov. 2020.

33 COLONEL Harland Sanders. **Biography.com**, 27 abr. 2017. Disponível em: https://www.biography.com/business-figure/colonel-harland-sanders. Acesso em: 5 nov. 2020.

34 WEBSITE dedicated to colonel Sanders tells story of his legacy. **Independent**, 18 set. 2011. Disponível em: https://www.independent.co.uk/life-style/food-and-drink/website-dedicated-to-colonel-sanders-tells-story-of-his-legacy-2329550.html. Acesso em: 5 nov. 2020.

35 GERALDO Rufino. A trajetória de quem passou de catador de lata a empresário. **O Povo**, 29 jul. 2017. Disponível em: https://www.opovo.com.br/jornal/dom/2017/07/geraldo-rufino-a-trajetoria-de-quem-passou-de-catador-de-lata-a-empre.html. Acesso em: 5 nov. 2020.

RUMO À RIQUEZA

36. EX-CATADOR de latinhas fundou uma das maiores empresas de desmanche e reciclagem do Brasil. **Pequenas Empresas & Grandes Negócios**, 16 set. 2020. Disponível em: https://revistapegn.globo.com/Empreendedorismo/noticia/2020/09/ex-catador-de-latinhas-fundou-uma-das-maiores-empresas-de-desmanche-e-reciclagem-do-brasil.html. Acesso em: 5 nov. 2020.
37. "NUNCA se vitimize", diz ex-catador de latinha que fatura R$ 60 milhões por ano. **Agência Sebrae de Notícias**, 8 dez. 2016. Disponível em: https://www.sebrae.com.br/sites/asn/uf/GO/nunca-se-vitimize-diz-ex-catador-de-latinha-que-fatura-60-milhoes-por-ano,90fc1677d7ed8510VgnVCM1000004c00210aRCRD. Acesso em: 5 nov. 2020.
38. GARCIA, D. Por que somos tão resistentes a mudar? Veja como sair dessa. **UOL VivaBem**, 27 jan. 2020. Disponível em: https://www.uol.com.br/vivabem/listas/por-que-somo-tao-resistentes-a-mudar-veja-como-sair-dessa.htm. Acesso em: 15 fev. 2021.
39. ATIVOS e passivos financeiros: entenda antes de começar a investir. **Terra**, 9 ago. 2017. Disponível em: https://www.terra.com.br/noticias/dino/ativos-e-passivos-financeiros-entenda-antes-de-comecar-a-investir,15267abdce83b86d8a44fcc13a10aeb5u23zjpt1.html. Acesso em: 14 fev. 2021.
40. GRATIDÃO: um grande benefício à saúde da mente. **Instituto bem do estar** [s.d.]. Disponível em: https://www.bemdoestar.org/artigos/gratidao-um-grande-beneficio-saude-da-mente. Acesso em: 15 fev. 2021.
41. JURO do cheque especial sobre; rotativo do cartão avança a 328,1% ao ano. **UOL Economia**, 28 jan. 2021. Disponível em: https://economia.uol.com.br/noticias/redacao/2021/01/28/juro-do-cheque-especial-rotativo-do-cartao-bc.htm. Acesso em: 15 fev. 2021.
42. *Ibidem*.
43. "An investment in knowledge pays the best dividends" – Benjamin Franklin. **Kohler of Kohler News**, Wisconsin, v. 5, n. 2, p. 11, dez. 1920. Disponível em: https://hdl.handle.net/2027/wu.89062179874. Acesso em: 15 fev. 2021.
44. INSTITUTO DE PESQUISA DE RELAÇÕES INTERNACIONAIS. **As 15 maiores economias do mundo** [s.d.]. Disponível em: https://www.funag.gov.br/ipri/index.php/o-ipri/47-estatisticas/94-as-15-maiores-economias-do-mundo-em-pib-e-pib-ppp. Acesso em: 15 fev. 2021.
45. [B3] - Brasil, Bolsa, Balcão. **Índice Bovespa (Ibovespa B3)**. Disponível em: http://www.b3.com.br/pt_br/market-data-e-indices/indices/indices-amplos/indice-ibovespa-ibovespa-estatisticas-historicas.htm. Acesso em: 12 nov. 2020.
46. [B3] – Brasil, Bolsa, Balcão. **Histórico pessoas físicas**. Disponível em: http://www.b3.com.br/pt_br/market-data-e-indices/servicos-de-dados/market-data/consultas/mercado-a-vista/historico-pessoas-fisicas/. Acesso em: 8 fev. 2021.
47. BRASIL. Banco Central. **Taxas de juros básicas – Histórico**. Disponível em: https://www.bcb.gov.br/controleinflacao/historicotaxasjuros. Acesso em: 8 fev. 2021.
48. BRASIL. Banco Central. **Copom – Definição e histórico**. Disponível em: https://www.bcb.gov.br/htms/copom_normas/a-hist.asp?idpai=co&frame=1. Acesso em: 8 fev. 2021.
49. TAXA Selic 2021: acompanhe a variação ao longo do ano. **Blog Nubank**, 01 fev. 2021. Disponível em: https://blog.nubank.com.br/taxa-selic-2021/. Acesso em: 22 fev. 2021.
50. CONGO, M. CDI: Como essa taxa influencia seus investimentos? Descubra! **Blog Magnetis**, 07 set. 2020. Disponível em: https://blog.magnetis.com.br/cdi/. Acesso em: 22 fev. 2021.
51. BRASIL. FGC. Disponível em: https://www.fgc.org.br. Acesso em: 20 nov. 2020.
52. BRASIL. IBGE. **Inflação**. Disponível em: https://www.ibge.gov.br/explica/inflacao.php. Acesso em: 8 fev. 2021.
53. BRASIL. Tesouro Direto. **Confira a rentabilidade de cada título**. Disponível em: https://www.tesourodireto.com.br/titulos/precos-e-taxas.htm. Acesso em: 12 fev. 2021.
54. BRASIL. Tesouro Direto. **Conheça todos os títulos do Tesouro Direto**. Disponível em: https://www.tesourodireto.com.br/titulos/tipos-de-tesouro.htm. Acesso em: 14 fev. 2021.
55. ESPERANDIO, C. Os juros negativos chegaram à renda fixa e fazem você perder dinheiro. **UOL Economia**, 24 jul. 2020. Disponível em: https://economia.uol.com.br/colunas/econoweek/2020/07/24/juros-negativos.htm. Acesso em: 21 fev. 2021.

NOTAS

56 BRASIL. Banco Central. **Remuneração dos Depósitos de Poupança.** Disponível em: https://www4.bcb.gov.br/pec/poupanca/poupanca.asp?frame=1. Acesso em: 8 fev. 2021.
57 BRASIL. Tesouro Direto. **Saiba as regras do investimento.** Disponível em: https://www.tesourodireto.com.br/conheca/regras.htm. Acesso em: 20 nov. 2020.
58 É preciso explicar que, até maio de 2012, a antiga poupança rendia 0,5% ao mês e, com isso, ela rendia mais do que alguns investimentos, como o Tesouro Selic, por exemplo. Porém, em maio de 2012, a regra da poupança mudou, e a nova modalidade já não compensava mais para os investidores. (N. E.)
59 QUAL o rendimento da poupança em 2021? Vale a pena investir? **Genial Investimentos**, 4 jan. 2021. Disponível em: https://blog.genialinvestimentos.com.br/vale-a-pena-investir-na-poupanca/. Acesso em: 22 fev. 2021.
60 O QUE é CDB. **InfoMoney**, 2000-2021. Disponível em: https://www.infomoney.com.br/guias/cdb/. Acesso em: 15 fev. 2021.
61 BRASIL. FGC. **Limitação da garantia até R$ 1 milhão**. Disponível em: https://www.fgc.org.br/garantia-fgc/fgc-nova-garantia. Acesso em: 28 nov. 2020.
62 BRASIL. Portal CVM. **Renda fixa vs Renda variável.** Disponível em: https://www.investidor.gov.br/menu/Menu_Investidor/Old/Valores_Mobiliarios.html. Acesso em: 15 fev. 2021.
63 TAKAR, T. CDB, LCI ou LCA: Qual rende mais? Como comparo as taxas? Saiba escolher. **UOL Economia**, 30 mar. 2019. Disponível em: https://economia.uol.com.br/financas-pessoais/noticias/redacao/2019/03/30/cdb-lci-ou-lca-qual-rende-mais-como-comparo-as-taxas-saiba-escolher.htm. Acesso em: 15 fev. 2021.
64 LCI e LCA: guia completo para começar a investir. **InfoMoney**, 2000-2021. Disponível em: https://www.infomoney.com.br/guias/lci-lca/. Acesso em: 26 jan. 2021.
65 BRASIL. Portal CVM. **Debêntures**. Disponível em: https://www.investidor.gov.br/menu/Menu_Investidor/valores_mobiliarios/debenture.html. Acesso em: 15 fev. 2021.
66 REIS, T. Você sabe o que é uma empresa de capital aberto? **Suno**, 14 fev. 2018. Disponível em: https://www.suno.com.br/artigos/empresa-capital-aberto/. Acesso em: 15 fev. 2021.
67 PIVETTI, F. Entenda como funciona o rating, a nota de crédito dos países e das empresas. **Seu Dinheiro**, 19 out. 2019. Disponível em: https://www.seudinheiro.com/2019/rating/como-funcionam-os-ratings/. Acesso em: 15 fev. 2021.
68 GOEKING, W. O que são CRI e CRA? **Valor Investe**, 8 abr. 2019. Disponível em: https://valorinveste.globo.com/produtos/renda-fixa/cri-e-cra/noticia/2019/04/08/o-que-sao-cri-e-cra.ghtml. Acesso em: 14 dez. 2020.
69 *Ibidem*.
70 *Ibidem*.
71 BRASIL. Portal CVM. **Mercado primário × mercado secundário**. Disponível em: https://www.investidor.gov.br/menu/Menu_Investidor/funcionamento_mercado/mercado_primario.html. Acesso em: 15 fev. 2021.
72 AZEVEDO, W. Previdência complementar: diferença entre regime progressivo e regressivo. **InfoMoney**, 12 fev. 2011. Disponível em: https://www.infomoney.com.br/minhas-financas/previdencia-complementar-diferenca-entre-regime-progressivo-e-regressivo/. Acesso em: 16 fev. 2021.
73 PGBL ou VGBL: qual plano de Previdência Privada é melhor? **Big Pactual**, 22 jan. 2019. Disponível em: https://www.btgpactualdigital.com/blog/investimentos/pgbl-ou-vgbl-qual-plano-de-previdencia-privada-e-melhor. Acesso em 22 fev. 2021.
74 REGIMES tributários: progressivo e regressivo. **FUNJENSEM** [s.d.]. Disponível em: https://www.funsejem.org.br/artigo/regimes-tributarios. Acesso em: 22 fev. 2021.
75 A lâmina de um fundo é o documento que resume os principais dados de operação do investimento. Nela, estão expressos os objetivos, as taxas, a política de investimentos, a rentabilidade acumulada, o valor mínimo para aplicação, entre outros pontos. (N. E.)
76 FUNDOS Multimercado: um guia completo para quem quer diversificar. **InfoMoney**, 2000-2021. Disponível em: https://www.infomoney.com.br/guias/fundos-multimercados/. Acesso em: 16 fev. 2021.

RUMO À RIQUEZA

77. JÚNIOR, J. A. O que é o come-cotas, imposto "silencioso" que reduz o rendimento dos fundos de investimento. **Estadão – E-investidor**, 21 mar. 2020. Disponível em: https://einvestidor.estadao.com.br/educacao-financeira/entenda-o-que-e-o-come-cotas-imposto-silencioso-que-reduz-o-rendimento-dos-fundos-de-investimento/. Acesso em: 25 dez. 2020.
78. AGUIAR, R. Farol para os investimentos. **UOL Economia**, 1996-2021. Disponível em: https://economia.uol.com.br/reportagens-especiais/benchmarks-investimento-carteira-ativos/#page. Acesso em: 19 dez. 2020.
79. D'ÁVILA, M. Z. Você sabe o que são benchmarks? **InfoMoney**, 22 abr. 2016. Disponível em: https://www.infomoney.com.br/onde-investir/voce-sabe-o-que-sao-benchmarks/. Acesso em: 17 fev. 2021.
80. BRASIL. B3. **Aumento de liquidez**. Disponível em: http://www.b3.com.br/pt_br/produtos-e-servicos/solucoes-para-emissores/aumento-de-liquidez/oferta-subsequente-follow-on/. Acesso em: 28 jan. 2021.
81. BRASIL. Portal CVM. **O direito de preferência para a subscrição de ações**. Disponível em: https://www.investidor.gov.br/menu/Menu_Investidor/acionistas/direito_subscricao. Acesso em: 30 dez. 2020.
82. DIREITO de subscrição: quando vale a pena exercer – e como fazer isso. **Warren Blog**, 21 out. 2020. Disponível em: https://warren.com.br/blog/direito-de-subscricao. Acesso em: 17 fev. 2021.
83. CÓDIGO das ações 3, 4, 11: o que significam? **Guia do investidor**, 10 ago. 2020. Disponível em: https://guiadoinvestidor.com.br/codigo-das-acoes-3-4-11-o-que-significam/. Acesso em: 23 fev. 2021.
84. BRASIL. B3. **Segmentos de listagem**. Disponível em: http://www.b3.com.br/pt_br/produtos-e-servicos/solucoes-para-emissores/segmentos-de-listagem/sobre-segmentos-de-listagem/. Acesso em: 17 fev. 2021.
85. ABREU, K. Novo Mercado, nível 1 ou 2: Diga-me a governança da ação e eu te digo quais são os direitos do investidor. **Seu Dinheiro**, 20 jul. 2019. Disponível em: https://www.seudinheiro.com/2019/novo-mercado/novo-mercado-nivel-1-ou-2-diga-me-a-governanca-da-sua-acao-e-eu-te-digo-quais-sao-os-direitos-do-investidor/. Acesso em: 23 fev. 2021.
86. BRASIL. B3. **O Novo Mercado**. Disponível em: http://www.b3.com.br/data/files/2C/46/8A/B7/88337610515A8076AC094EA8/Focus%205_Capitulo%20Novo%20Mercado%20_IFC%202008_.pdf. Acesso em: 17 fev. 2021.
87. BRASIL. B3. **Segmentos de listagem**. Disponível em: http://www.b3.com.br/pt_br/produtos-e-servicos/solucoes-para-emissores/segmentos-de-listagem/novo-mercado/. Acesso em: 28 dez. 2020.
88. CABRAL, M. Sai o IPO e entra a OPA. **Época Negócios**, 25 maio 2016. Disponível em: https://epocanegocios.globo.com/Economia/noticia/2016/05/sai-o-ipo-e-entra-opa.html. Acesso em: 17 fev. 2021.
89. B3. Bovespa Mais. Disponível em: http://www.b3.com.br/pt_br/produtos-e-servicos/solucoes-para-emissores/segmentos-de-listagem/bovespa-mais/. Acesso em: 23 fev. 2021.
90. B3. Bovespa Mais Nível 2. Disponível em: http://www.b3.com.br/pt_br/produtos-e-servicos/solucoes-para-emissores/segmentos-de-listagem/bovespa-mais-nivel-2/. Acesso em: 23 fev. 2021.
91. COMO investir em ETFs: Um guia sobre fundos de índices e como funcionam. **InfoMoney**, 2000-2021. Disponível em: https://www.infomoney.com.br/guias/etf-exchange-traded-fund/. Acesso em: 17 fev. 2021.
92. ONDE achar o próximo Magalu. **UOL Economia**, 1996-2021. Disponível em: https://economia.uol.com.br/reportagens-especiais/small-caps-acoes-investimentos/. Acesso em: 17 fev. 2021.
93. BRASIL. Receita Federal. **Emissão de Darf**. Disponível em: https://receita.economia.gov.br/interface/cidadao/irpf/2020/pagamento/emissao-de-darf. Acesso em: 4 fev. 2021.
94. NARCIZO, B. Setor imobiliário sai do fundo do poço e deve impulsionar economia

NOTAS

em 2020. **Folha de S.Paulo**, 23 dez. 2019. Disponível em: https://www1.folha.uol.com.br/mercado/2019/12/setor-imobiliario-sai-do-fundo-do-poco-e-deve-impulsionar-economia-em-2020.shtml. Acesso em: 17 fev. 2021.

95 FUNDOS Imobiliários: tudo o que você precisa saber para começar a investir. **InfoMoney** [s.d.]. Disponível em: https://www.infomoney.com.br/guias/fundos-imobiliarios/. Acesso em: 23 fev. 2021.

96 Lajes corporativas, também conhecidas como corporates, são amplos espaços em geral locados para empresas de grande porte, órgãos ou repartições públicas, que precisam de uma grande infraestrutura para exercer suas atividades. Fonte: CAMPAGNARO, R. O que vem a ser uma laje corporativa? **Fiis.com.br**, 2021. Disponível em: https://fiis.com.br/artigos/o-que-vem-a-ser-uma-laje-corporativa/. Acesso em: 19 dez. 2020.

97 PROVENTOS: O que são, como funcionam e como ganhar dinheiro com eles? **InfoMoney**, 2000-2021. Disponível em: https://www.infomoney.com.br/guias/proventos/. Acesso em: 17 fev. 2021.

98 BAUMANN, F. IFIX: o principal indicador de fiis de forma fácil. **Real Valor Blog**, 13 jul. 2018. Disponível em: https://orealvalor.com.br/blog/ifix-descomplicamos-o-principal-indicador-de-fundos-imobiliarios/. Acesso em: 23 fev. 2021.

99 BRASIL. Portal CVM. **Fundos de investimento** em ações – Introdução. Disponível: https://www.investidor.gov.br/menu/Menu_Investidor/fundos_investimentos/introducao. Acesso em: 17 fev. 2021.

100 FUNDOS de ações: guia completo para investir bem. **InfoMoney** [s.d.]. Disponível em: https://www.infomoney.com.br/guias/fundos-de-acoes/. Acesso em: 22 fev. 2021.

101 BRASIL. Portal CVM. **Fundos de investimento em ações – Taxas incidentes**. Disponível: https://www.investidor.gov.br/menu/Menu_Investidor/fundos_investimentos/taxas_incidentes.html. Acesso em: 17 fev. 2021.

102 Os fundos *long & short* consistem na compra de um ativo e na venda de outro quase simultaneamente. Para isso, são usadas estatísticas e cálculos matemáticos que ajudam o gestor a definir quais ações e qual volume devem compor a operação de compra e venda. A quantidade de empresas no fundo varia de acordo com o gestor e pode chegar a uma centena. O lucro vem da diferença entre o valor de compra e de venda. Fonte: PACHECO, P. Ações: compra e venda casada. **UOL Economia**, 1996-2021. Disponível em: https://economia.uol.com.br/reportagens-especiais/investimento-em-fundos-long-short/. Acesso em: 25 dez. 2020.

103 OPERAR comprado: o que é? Qual a diferença entre operar comprado e vendido? **Capital Research**, 13 fev. 2020. Disponível em: https://www.capitalresearch.com.br/blog/investimentos/operar-comprado/. Acesso em: 17 fev. 2021.

104 FUNDOS: o que é D+? **Como Investir**, 9 maio 2018. Disponível em: https://comoinvestir.anbima.com.br/noticia/fundos-o-que-e-d/. Acesso em: 23 fev. 2021.

105 RENDA Fixa. Tributação dos fundos de investimento. Disponível em: https://blog.apprendafixa.com.br/investimentos/tributacao-dos-fundos-de-investimento/. Acesso em: 23 fev. 2021.

106 COMPARANDO empresas: entenda os indicadores fundamentalistas. **InfoMoney**, 27 set. 2006. Disponível em: https://www.infomoney.com.br/mercados/comparando-empresas-entenda-os-indicadores-fundamentalistas/. Acesso em: 17 fev. 2021.

107 BONA, A. 7 indicadores fundamentalistas essenciais para o investidor. **Gorila**, 3 fev. 2020. Disponível em: https://gorila.com.br/gorilando/artigos/7-indicadores-fundamentalistas-essenciais-para-o-investidor/. Acesso em: 18 fev. 2021.

108 GUIA completo sobre os principais indicadores fundamentalistas de mercado: O que são, como usar e limitações. **Análise de Ações**. Disponível em: https://www.analisedeacoes.com/artigos/indicadores/. Acesso em: 18 fev. 2021.

109 5 Indicadores Fundamentalistas Essenciais. **Bússola do Investidor**, 8 fev. 2021. Disponível em: https://www.bussoladoinvestidor.com.br/indicadores-fundamentalistas-mais-importantes/. Acesso em: 18 fev. 2021.

110 MARGEM bruta, líquida e de contribuição: indicadores para avaliar a rentabilidade do seu negócio. **Endeavor**, 3 jul. 2015. Disponível em: https://endeavor.org.br/financas/margem-bruta/. Acesso em: 23 fev. 2021.

RUMO À RIQUEZA

111 GÓMEZ, N. Margem Ebit mostra eficiência operacional das companhias; entenda como funciona. **Eu quero investir**, 3 abr. 2020. Disponível em: https://www.euqueroinvestir.com/margem-ebit-mostra-eficiencia-operacional-das-companhias-entenda-como-funciona/. Acesso em: 18 fev. 2021.

112 MARGEM bruta, líquida e de contribuição: indicadores para avaliar a rentabilidade do seu negócio. **Endeavor**, 3 jul. 2015. Disponível em: https://endeavor.org.br/financas/margem-bruta/. Acesso em: 23 fev. 2021.

113 DICIONÁRIO Financeiro. ROIC – Retorno Sobre o Capital Investido. Disponível em: https://www.dicionariofinanceiro.com/roic/. Acesso em: 23 fev. 2021.

114 RECEITA Líquida: saiba como calcular. **Onze**. Disponível em: https://www.onze.com.br/blog/receita-liquida/. Acesso em: 18 fev. 2021.

115 WAINBERG, R. Liquidez corrente: Descubra o valor mínimo ideal para suas ações. **Suno**, 17 ago. 2018.. Disponível em: https://www.suno.com.br/artigos/liquidez-corrente/. Acesso em: 23 fev. 2021.

116 DICIONÁRIO Financeiro. O que são índices de liquidez?. Disponível em: https://www.dicionariofinanceiro.com/indices-de-liquidez/. Acesso em: 23 fev. 2021.

117 STATUS Invest. Dívida líquida/Ebitda. Disponível em: https://statusinvest.com.br/termos/d/divida-liquida-ebitda. Acesso em: 23 fev. 2021.

118 STATUS Invest. Como interpretar a dívida líquida/patrimônio líquido?. Disponível em: https://statusinvest.com.br/termos/d/divida-liquida-patrimonio-liquido. Acesso em: 23 fev. 2021.

119 ISMAR, B. Dívida líquida: o que é e como calcular? **Renova Invest**, 6 nov. 2020. Disponível em: https://renovainvest.com.br/blog/divida-liquida-o-que-e-e-como-calcular/. Acesso em: 18 fev. 2021.

120 CAMPAGNARO, R. 10 indicadores importantes para investir em Fundos Imobiliários **Fiis.com.br**, 2021. Disponível em: https://fiis.com.br/artigos/indicadores-fundos-imobiliarios/. Acesso em: 18 fev. 2021.

121 Idem. Taxa de vacância – Fique atento a este indicador. **Fiis.com.br**, 2021. Disponível em: https://fiis.com.br/artigos/taxa-de-vacancia/. Acesso em: 18 fev. 2021.

122 REIS, T. Investir em ouro vale a pena? Entenda como funciona. **Suno**, 19 out. 2017. Disponível em: https://www.suno.com.br/artigos/ouro-investimento/. Acesso em: 18 fev. 2021.

123 TEMÓTEO, A. Bitcoin se valoriza 419% em reais em um ano; você deve investir em 2021? **UOL Economia**, 7 jan. 2021. Disponível em: https://economia.uol.com.br/noticias/redacao/2021/01/07/bitcoin-valorizacao-risco-perspectivas.htm. Acesso em: 18 fev. 2021.

124 FLACH, N. Ouro é o investimento que teve maior rentabilidade em 2020. **CNN Brasil Business**, 31 dez. 2020. Disponível em: https://www.cnnbrasil.com.br/business/2020/12/31/ouro-e-o-investimento-que-teve-maior-rentabilidade-em-2020 Acesso em: 18 fev. 2021.

125 CORRÊA, A. Entenda a alta do dólar e a ação do governo. **BBC Brasil**, 23 out. 2008. Disponível em: https://www.bbc.com/portuguese/reporterbbc/story/2008/10/081023_dolarentenda_ac. Acesso em: 18 fev. 2021.

126 OLIVEIRA, J. J. BDRs ou ações lá fora: qual melhor opção para investir em empresa dos EUA? **UOL Economia**, 21 set. 2020. Disponível em: https://economia.uol.com.br/financas-pessoais/noticias/redacao/2020/09/21/bdrs-ou-acoes-la-fora-qual-melhor-opcao-para-investir-em-empresa-dos-eua.htm. Acesso em: 18 fev. 2021.

127 GREENBERG, A. Crypto Currency. **Forbes**, 20 abr. 2011. Disponível em: https://www.forbes.com/forbes/2011/0509/technology-psilocybin-bitcoins-gavin-andresen-crypto-currency.html?sh=11032b8c353e. Acesso em: 18 fev. 2021.

128 ASHFORD, K.; SCHMIDT, J. What Is Cryptocurrency? **Forbes**, 18 dez. 2020. Disponível em: https://www.forbes.com/advisor/investing/what-is-cryptocurrency/. Acesso em: 29 dez. 2020.

129 LEITE, V. O que é blockchain – uma explicação simples. **Blog Nubank**, 5 out. 2020. Disponível em: https://blog.nubank.com.br/o-que-e-blockchain/. Acesso em: 23 fev. 2021.

NOTAS

130. GUIDE: What is Bitcoin and how does it work? **BBC**, 5 fev. 2021. Disponível em: https://www.bbc.co.uk/newsround/25622442. Acesso em: 29 dez. 2020.
131. NAKAMOTO, S. The Quotable Satoshi. **Satoshi Nakamoto Institute**, 31 out. 2008. Disponível em: https://nakamotoinstitute.org/bitcoin/. Acesso em: 18 fev. 2021.
132. O QUE é blockchain? **Foxbit**. Disponível em: https://foxbit.com.br/o-que-e-blockchain/. Acesso em: 18 fev. 2021.
133. BITCOIN: como funciona a moeda digital que conquistou a internet. **Investimento e Notícias**, 16 fev. 2018. Disponível em: https://www.investimentosenoticias.com.br/bitcoins/bitcoin-como-funciona-a-moeda-digital-que-conquistou-a-internet. Acesso em: 18 fev. 2021.
134. BITCOIN pode alcançar US$ 146 mil conforme vire 'ouro digital', diz JPMorgan. **CNN Brasil Business**, 5 jan. 2021. Disponível em: https://www.cnnbrasil.com.br/business/2021/01/05/bitcoin-pode-subir-a-us146-mil-conforme-e-visto-como-ouro-digital-diz-jpmorg. Acesso em: 18 fev. 2021.
135. VOCÊ sabe o que é o rebalanceamento de carteira? **Nexoos**, 2021. Disponível em: https://www.nexoos.com.br/guia-de-investimentos/voce-sabe-o-que-e-o-rebalanceamento-de-carteira-aprenda-aqui/. Acesso em: 18 fev. 2021.
136. BASILIO, P. Real tem pior desempenho entre 30 moedas em 2020; relembre o ano no câmbio. **G1**, 19 dez. 2020. Disponível em: https://g1.globo.com/economia/noticia/2020/12/19/real-tem-pior-desempenho-entre-30-moedas-em-2020-relembre-o-ano-no-cambio.ghtml. Acesso em: 1 jan. 2020.
137. VALE a pena comprar ações fracionadas? **Capital Research**, 20 jun. 2020. Disponível em: https://www.capitalresearch.com.br/blog/investimentos/acoes-fracionadas/. Acesso em: 18 fev. 2021.

#voabrasil

Esse livro foi impresso
pela gráfica Edições Loyola
em papel pólen bold 70 g
em março de 2021.